Marianne und Patrick Caland

Weihrauch & Räucherwerk

Düfte zum Heilen, Träumen, Lieben,
Meditieren, Anregen und mehr
Wie man sie herstellen
und anwenden kann

W0066647

WINDPFERD
Verlagsgesellschaft mbH.

Titel der Originalausgabe *Wierook*
Erschienen bei *Uitgeverij Schors, Amsterdam*
Aus dem Niederländischen von Hildegard Höhr
in Zusammenarbeit mit Theo Kierdorf
In deutscher erweiterter Neubearbeitung

3. Auflage 2000
© 1991 by Windpferd Verlagsgesellschaft mbH, Aitrang
Alle Rechte vorbehalten
Umschlaggestaltung: Wolfgang Jünemann
unter Verwendung einer Abbildung von Berthold Rodd
Gesamtherstellung: Schneelöwe, D-87648 Aitrang

ISBN 3-89385-099-6

Printed in Germany

Inhaltsverzeichnis

1.
Allgemeines über Weihrauch

Süß duftender Rauch, der sich zu den Sternen empor-
kräuselt, ist ein unverzichtbarer Bestandteil ritueller
und religiöser Praktiken. Soweit man es zurückverfolgen
kann, hat der Mensch im Zusammenhang mit Ritualen
und Religion Weihrauch verwendet. Anfangs, vor vielen
Jahrtausenden, warf man wohlriechende Kräuter zusammen mit leicht brennbarem Holz in Feuer oder glühende Asche, um die aromatischen Bestandteile der
Pflanzen aus ihrem natürlichen "Gefängnis" zu befreien.
Später legte man Kräuter und Pflanzen auf glühende
Kohle, in spezielle Schalen oder in ausschließlich für
diesen Zweck bestimmte Weihrauchgefäße. So wurde
das rituelle Verbrennen von Weihrauch allmählich zu
einem unentbehrlichen Bestandteil vieler Aktivitäten.
Viele Leser werden sich noch an die Weihrauchdüfte in
den Messen der römisch-katholischen Kirche erinnern,
die durch Schwenken eines Weihrauchfasses verbreitet
werden. Im zweiten Kapitel dieses Buches werden wir
ein wenig von der großen Geschichte des Weihrauchgebrauchs erzählen.

Die Kraft des Weihrauchs beruht einerseits auf seinen
feinstofflichen Schwingungen und andererseits auf seinem Duft. Es ist interessant, daß viele Pflanzen, wenn sie
als Räucherstoff verbrannt werden, völlig anders rie-
chen, als ihr natürlicher Duft es vermuten läßt. Die
Bedeutung vieler Mischungen liegt deshalb auch nicht so
sehr in ihrem Duft als in den Schwingungen, die freige-
setzt werden, wenn die Mischung aus Kräutern und
Sägemehl im Weihrauchfaß auf Holzkohle schwelt. Weihrauch kann eine wunderschöne Bereicherung für alle

Rituale sein: Ein kunstvolles Weihrauchfaß schmeichelt dem Auge, der aufsteigende wohlriechende Rauch schafft eine geheimnisvolle und erhabene Atmosphäre, und durch das rhythmische, symbolträchtige Schwenken des Weihrauchfasses wird der rituelle Vorgang deutlich von der Welt des Alltags abgehoben.

Außerdem wird Weihrauch auch in unserer Zeit noch - oder vielleicht gerade heute wieder? - für die verschiedensten Zwecke verwendet: um Räume vor lichtvollen magischen Ritualen zu reinigen; um gute Schwingungen zu erzeugen und Energie freizusetzen; um schlechte Einflüsse und Energien zu bannen und zu vertreiben; um Kräfte zu konzentrieren und auf ein Ziel zu richten; um eine Atmosphäre zu schaffen, die vollkommen auf eine lichtvolle Handlung, die man auszuführen beabsichtigt, abgestimmt ist - und dies sind nur einige der zahllosen Anwendungsmöglichkeiten. Im vierten Kapitel werden wir uns näher mit den vielen Möglichkeiten der Verwendung von Weihrauch beschäftigen.

Weihrauch kann man heute in den verschiedensten Arten von Geschäften kaufen: in Kräuterläden, in Buchhandlungen für Esoterik und Okkultes, in Geschäften, die auf religiöses Zubehör spezialisiert sind, in Duftläden und in Chinaläden (Adressenhinweise findest Du am Ende des Buches). Am kraftvollsten und wirksamsten ist jedoch Weihrauch, den man selbst herstellt. Gebrauchsfertig gekaufter Weihrauch erfüllt natürlich auch seinen Zweck, doch sowohl die Erfahrung als auch die Theorie lehrt, daß die Mischungen, die man selbst zusammengestellt hat, um eine weitere Dimension bereichert sind.

Die übliche Form des Weihrauchs ist die körnige Form. Kegel, Stäbe und Würfel kann man einfach so, wie sie sind, verbrennen, während man für die Verbrennung von Weihrauch in Körner- oder Pulverform Holzkohle und ein Weihrauchfaß oder ein anderes feuerfestes Gefäß bzw. eine Schale benötigt. Im dritten Kapitel wird beschrieben, wie Du Weihrauch in den verschiedenen Formen selbst herstellen kannst und welche Hilfsmittel dafür erforderlich oder hilfreich sind. Stößel und Mörser sind beispielsweise unentbehrlich für die Weihrauchherstellung, denn viele Harze und andere Holzprodukte müssen zu einem feinen Pulver vermahlen und gut verrieben werden.

Obwohl man die meisten für Weihrauch erforderlichen Kräuter in Pulverform kaufen kann, ist es in der Regel besser, die Kräuter und andere Zutaten selbst zu pulverisieren - falls Du die Zeit und die Möglichkeiten dazu hast. Das monotone Ausführen der immer gleichen Bewegungen mit Stößel und Mörser und die Zeit, die Du schweigend und konzentriert mit der Herstellung der altehrwürdigen Weihrauchmischungen zubringst, erhöht die Kraft des Endprodukts. Kein unwichtiger Faktor ist sicherlich auch die Absicht, die Du auf diese Weise auf den Weihrauch "überträgst". Die Entscheidung, ob Du gebrauchsfertig gemahlene Rohstoffe kaufen oder selbst Weihrauch herstellen sollst, liegt natürlich letztlich bei Dir. Wie Du die verschiedenen Formen von Weihrauch selbst herstellen kannst und welche Ausrüstung Du dazu benötigst, erfährst Du im dritten Kapitel.

Im vierten Kapitel findest Du außer einer großen Anzahl von Verwendungsmöglichkeiten für Weihrauch auch Rezepte, die für bestimmte Zwecke sehr geeignet sind. Im letzten Teil des Buches werden dann die für den Weihrauch wichtigsten Pflanzen und ihre Wirkungen beschrieben.

Nicht nur Weihrauch

Wer unser Büchlein über Kerzen kennt, weiß, daß es in der lichtvollen Magie, in der Esoterik und im Okkultismus ein kosmisches Grundgesetz gibt, das lautet: Je mehr Kräfte man in einem bestimmten Augenblick und an einem bestimmten Ort für ein bestimmtes Ziel mobilisieren kann, um so stärker ist die Wirkung. Wenn Du beispielsweise bei einem Ritual nur Kerzen oder nur Weihrauch einsetzt, kannst Du zwar bestimmte Kräfte wecken, doch diese werden um ein Vielfaches stärker sein, wenn der Weihrauch mit einer der gleichen Zielsetzung entsprechenden Kerze, mit einer entsprechenden Farbe oder mit einer passenden Musik kombiniert wird. Beim Thema der Entsprechungen spielen die Planeten, Häuser und Zeichen der Astrologie eine wichtige Rolle. Mehr darüber im 5. Kapitel.

Viele von euch werden Weihrauch wahrscheinlich nicht ausschließlich zum Selbstzweck verbrennen, sondern ihn im Rahmen eines Rituals verwenden, in dem noch viele andere Aspekte berücksichtigt werden. Ob Du Weihrauch in einem solchen Rahmen verwenden willst oder nicht, bleibt natürlich Dir überlassen. Für diejenigen, die Weihrauch als Bestandteil lichtvoller magischer Rituale verbrennen wollen, wird auch auf die Beziehung der verschiedenen Weihraucharten zu bestimmten Farben, Wochentagen, Planeten, Horoskophäusern und Tierkreiszeichen eingegangen.

Der Vollständigkeit halber sei zum Abschluß dieser Einleitung gesagt, daß das niederländische Wort für "Weihrauch" sich vom mittelniederländischen Wort Wierooc herleitet, wobei die erste Silbe auf Wîen/wîden zurückgeht, was "weihen" oder "heiligen" bedeutete.

2.
Die Geschichte des Weihrauchs

Weihrauch wurde in der Vergangenheit - wie übrigens auch noch heute - für vier Zwecke verwendet:

1. *Um die Götter günstig zu stimmen.* Man glaubte, der angenehme aromatische Duft würde die Götter oder die Gottheit günstig stimmen. Wir wollen dies als die Opferfunktion des Weihrauchs bezeichnen.
2. *Gebetsmedium.* Weihrauch wurde als ein Medium für Gebete angesehen. Der aufsteigende Rauch sollte die Bittgesuche derjenigen, die den Weihrauch verbrannten, den Göttern zutragen. Man glaubte, wegen des Wohlgeruchs könnten die Götter der auf diese Weise vorgetragenen Bitte niemals die Erfüllung versagen.
3. *Neutralisationsmittel.* Weihrauch wurde verbrannt, um üble Gerüche zu überdecken oder zu neutralisieren. Aus dem gleichen Grunde wurde er auch bei Begräbnissen verwendet.
4. *Mittel zur Stimmungsveränderung.* Die Düfte und Schwingungen von Weihrauch stimmen denjenigen, der ihn verbrennt, auf ein bestimmtes Ziel ein oder versetzen Menschen, die sich im weihrauchdurchzogenen Raum befinden, in eine bestimmte Stimmung. Gerüche und Schwingungen wecken in jedem Menschen ganz bestimmte Empfindungen und Erinnerungen und stimmen Körper, Seele und Geist auf gewisse Ziele ein. Mehr über die Wirkung der Düfte

(besonders der ätherischen Öle) auf Psyche und Gemüt kannst Du in dem Buch "Verzaubernde Düfte" von Monika Jüncmann nachlesen.

Die Geschichte des Weihrauchs ist so lang wie die der Menschheit selbst. Als der Mensch begann, das Feuer zu nutzen, entdeckte er, daß bestimmte Rinden, Harze, Blätter, Wurzeln und Blüten, wenn man sie ins Feuer warf, verschiedenartige süßliche bis würzige oder mehr oder weniger durchdringende Gerüche verbreiteten. Viele der "Weihrauchrezepte", die man in alter Zeit kannte, sind heute nicht mehr oder kaum noch bekannt, doch werden immer mehr wieder hervorgeholt - weil sie nach wie vor große Wirkung zeigen.

Einstmals war es sogar ein eigenständiger Ritus, Weihrauch für ein Ritual zuzubereiten. Weihrauch wurde und wird auch heute noch häufig als heiliges und unentbehrliches Hilfsmittel bei einem jeden Ritual angesehen. Die alten Ägypter beispielsweise maßen manchen Weihraucharten einen so hohen Wert bei, daß diese nur in Tempeln verbrannt werden durften. In Tibet bringt man noch heute täglich Weihrauchopfer dar, und auch bei allen Einweihungsritualen wird Weihrauch verwendet. In den meisten Tempeln, Kirchen und Synagogen wird Weihrauch verbrannt. Weihrauch hat auch in unserer Zeit nicht an Bedeutung verloren - ganz im Gegenteil.

Ägypten zur Zeit der Pharaonen

Die alten Ägypter waren Meister in der Zubereitung und Verwendung von Weihrauch. Sie hatten beides zu einer hohen Kunst entwickelt. Die berühmteste alle ägyptischen Weihraucharten war Kyphi. Der römische Geschichtsschreiber Plutarch schrieb um 100 n. Chr. über das altägyptische Kyphi: "Die Ingredienzen von Kyphi schenken nachts Wohlbehagen. Kyphi kann Menschen in den Schlaf wiegen, Träume hervorrufen und die täglichen Sorgen vertreiben, da es dem, der es einatmet, Ruhe und Frieden schenkt."

Die Ingredienzen von Kyphi wurden im Rahmen eines geheimen Rituals unter Inkantieren heiliger Texte gemischt. Die Zubereitung erfolgte nach einem äußerst geheimen und besonderen Tempelritus. Die geheimnisvolle Wirkung von Kyphi beruhte darauf, daß ein Zustand der vollkommener Harmonie erzeugt wurde.

Eine der Ingredienzen von Kyphi war das auch heute noch so beliebte Olibanumharz (Weihrauch), denn auch bei den alten Ägyptern stand das Weihrauchharz in hohem Ansehen. Sie schickten spezielle Expeditionen in das Land *Punt*, um von dort das Gummiharz zu holen. Weihrauchharz stammt von Bäumen der Gattung Boswellia (Boswellia thurifera, carteri sowie auch von anderen Boswellia-Arten), und diese Bäume wuchsen vor allem im Lande Punt - das heißt, im Hinterland der somalischen Küste in Ostafrika, in der Nähe des heutigen Äthiopien, wo auch der herrliche Duft verbrannter Bohnen der Kaffeebeere entdeckt worden sein soll.

Plinius (ebenfalls ein römischer Geschichtsschreiber) bezeichnet Arabien als das älteste Ursprungsland des Weihrauchharzes. Er schreibt, die Bäume, aus denen das Harz gewonnen wurde, seien im Besitz weniger saudiarabischer Familien gewesen, die diese auch betreut hätten. Die Olibanumbäume galten als heilig; deshalb durften die Männer, wenn sie das Gummiharz sammelten, nicht durch sexuelle Kontakte oder durch Kontakte mit Toten unrein sein.

Der griechische Geschichtsschreiber Herodot (5. Jh. v. Chr.) drückte sich lyrischer aus. Er behauptete, geflügelte Schlangen würden die Bäume bewachen, und man müßte sie durch Verbrennen von Storax, einer anderen Harzsorte, vertreiben. Weiter heißt es bei Herodot, nach der Ernte sei das Gummiharz nach Sabota gebracht worden, wo die Priester den zehnten Teil davon zurückbehalten hätten. Erst nach Abzug dieser Naturalsteuer sei die Ausbeute für den Handel freigegeben worden. Man schrieb dem Weihrauchharz zu, er sei das Blut einer beseelten und göttlichen Pflanze.

Soviel wir heute wissen, wurde Kyphi von den Ägyptern traditionell auf folgende Weise zubereitet: In der Neumondnacht gab man eine Handvoll Weihrauchharz in einen irdenen Topf, bedeckte es mit Weißwein und ließ es fünf Tage in dem mit einem Deckel verschlossenen Topf stehen. Drei Nächte nach dem Mazerieren des Gummiharzes fügte man folgende Kräuter in gleichen Teilen hinzu: Wachholderstrauch, Akazia, Kalmuswurzel und Henna. Dieses Gemisch wurde erneut in Weißwein mazeriert, und zwar ungefähr 16 Stunden lang. Bei Sonnenuntergang mischte man die folgenden Ingredienzen in gleichen Teilen: Kalmus, Mastix, Zimt, Pfefferminze, Florentinische Schwertlilie (Iris), Lorbeer und Galangal. Anschließend wurde das Gemisch zu Pulver vermahlen und beiseite gestellt.

Dann mischte man einen Eßlöffel pulverisierte Myrrhe mit einem Eßlöffel Honig. Dies wurde zu dem Gummiharz- und Kräutergemisch gegeben, und zuletzt fügte man die pulverisierten Kräuter hinzu. Anschließend wurde das Ganze auf einem Brett ausgebreitet und über einen längeren Zeitraum getrocknet. Schließlich wurde das Produkt in Gefäße abgefüllt.

Das hier angeführte Rezept für Kyphi ist jedoch nicht mit Sicherheit authentisch. Sir Wallace Budge beispielsweise nennt als Bestandteil auch ein bestimmtes Öl, das im obengenannten Rezept nicht enthalten ist.

Im alten Ägypten war das Verbrennen von Weihrauch ein wichtiger Bestandteil eines jeden Ritus, denn jeder Zutat der verschiedenen Weihraucharten schrieb man spezifische magische und mystische Eigenschaften zu. So verbrannte man für den Sonnengott Re (oder Ra) dreimal täglich Weihrauch: Morgens bei seinem Erwachen (bei Sonnenaufgang) opferte man Olibanumharz, wenn er seinen höchsten Stand erreicht hatte (mittags), verbrannte man Myrrhe, und wenn er abends im Westen unterging, verbrannte man Kyphi.

Die Ägypter führten außerdem Räucherungen durch, um bei medizinischen Behandlungen Dämonen (negative geistige Haltungen) auszutreiben, die man als Verursacher bestimmter Krankheiten ansah.

Für ihre Götter verwendeten die Ägypter die kostbarsten Weihrauchsorten. So hat man festgestellt, daß sich in einigen der prachtvollen Vasen aus den Grabkammern Tut Ench Amuns bestimmte Weihrauchsorten befinden, die ihr herrliches Aroma sogar über die Jahrtausende bewahrt haben.

Das alttestamentarische Judentum

Die vielen Hinweise auf Weihrauch im Alten Testament legen die Vermutung nahe, daß auch im Judentum die Verwendung von Weihrauch eine lange Tradition hat. Wissenschaftler sind heute der Meinung, daß die Juden um das 7. Jahrhundert v. Chr. bereits rituelle Räucherungen kannten, möglicherweise inspiriert durch die Babylonier. Von diesem Zeitpunkt an gewann Weihrauch zunehmend an Bedeutung. Zunächst bestanden die Weihrauchmischungen aus nur wenigen Ingredienzen - Myrrhenöl, Galbanum, reines Olibanum. Die Zubereitung oblag den Priestern und war eine ehrenvolle und geheime Verrichtung, ähnlich wie es in der Zeit der ägyptischen Pharaonen die Zubereitung von Kyphi gewesen war.

Man verbrannte den Weihrauch bei Fleischopfern, und wenn die ersten Früchte reiften. Unabhängig von solchen äußeren Anlässen wurde er morgens und abends auf einem speziellen Altar verbrannt, der Weihrauchaltar hieß, oder in einem speziellen Weihrauchbrenner. Einmal im Jahr, anläßlich des Versöhnungsfestes, wurde Weihrauch ins innerste Heiligtum des Tempels gebracht.

Den ersten Hinweise darauf, daß bei der Verehrung Jahwes Weihrauch verwendet wurde, finden wir in Jeremia 6:20. Dort heißt es: "Was frage ich nach dem Weihrauch aus Saba und nach dem köstlichen Gewürz, das aus fernen Landen kommt?" Aus verschiedenen Bibelstellen können wir entnehmen, daß Weihrauch anfangs kein unverzichtbarer Bestandteil des Gottesdienstes war. Nachdem er allerdings einmal eingeführt war, wurde er zu einem festen Bestandteil vieler Rituale, und von diesem Zeitpunkt an wird er auch regelmäßig in den priesterlichen Codices erwähnt.

Weihrauch wurde nicht nur als eigenständige Opfergabe, sondern auch zusammen mit vielen anderen Gaben als Opfer dargeboten. Er wurde in Weihrauchfässern verbrannt, wenn der Hohepriester vor dem heiligen Thron der Gnade erschien (Leviticus 16:12), und beispielsweise auch, als Aaron durch die Gemeinde zog, um mit seinen Räucherungen die Pest zu bezwingen. In diesem Fall fungierte der Weihrauch nicht nur als Mittel zur Versöhnung Gottes, sondern auch als Desinfektionsmittel (Numeri 16:46).

Aromatische Stoffe wurden bei den Juden der alttestamentarischen Zeit für die verschiedensten Zwecke verwendet. Fleisch bereiteten sie mit aromatischen Gewürzen zu, Frauen hatten eine ausgeprägte Vorliebe für herrliche Parfüms und desinfizierten ihre Betten und Kleider mit Duftstoffen, und auch bei Begräbnissen wurden aromatische Stoffe in reichlichen Mengen versprengt. Wenn die Frauen sich den vorgeschriebenen einjährigen Reinigungsriten unterzogen, verwendeten sie große Mengen aromatischen Weihrauchs.

Die Griechen des Altertums

Alles deutet darauf hin, daß Weihrauch in der Form, wie wir ihn kennen, von den Griechen erst nach der Zeit Homers, also seit dem 5. Jahrhundert v. Chr., benutzt wurde. Der römische Geschichtsschreiber Plinius schrieb, man hätte zu jener Zeit nur "den Duft von Zedernholz und Zitrusfrüchten gekannt, der in dicken Rauchwolken vom Opferaltar emporstieg". Das Holz wohlriechender Bäume wie Zeder und Myrte wurde wegen seines intensiven Geruchs im Hause verbrannt. Wie andere vor und nach ihnen glaubten auch die Griechen, ein süßer und durchdringender Geruch erfreue die Götter und mache sie ihren Opfern und Gebeten gegenüber gewogener.

Ein einziger Gelehrter ist der Meinung, der Weihrauch sei über den Aphrodite-Kult zu den Griechen gelangt, da in Phönizien und auf Zypern im Zusammenhang mit diesem Kult Weihrauch verbrannt wurde.

Später importierten die Griechen Weihrauch aus Arabien. Wie bei anderen Völkern wurde er auch hier zusammen mit Blutopfern verbrannt, einerseits als eigenständiges Rauchopfer für die Götter, andererseits, um den üblen Geruch des verbrennenden Fleisches zu neutralisieren.

Weihrauch wurde auch allein oder zusammen mit Früchten, Brot, Weizen und ähnlichem in Gottesdiensten oder in häuslichen Ritualen geopfert. Man opferte den Weihrauch Zeus, dem Oberhaupt der Götter, sowie

Hermes, dem Gott der Händler und Götterboten, und Demeter, der Göttin des Ackerbaus, bevor man das Orakel zu Patrae befragte.

Wie die Inventarlisten einer Anzahl von Tempeln beweisen, wurden große Mengen von Weihrauch verbraucht. Bei den Riten für bestimmte Gottheiten wurde Weihrauch zusammen mit Honigkuchen geopfert, wobei der Weihrauch häufig nicht angezündet wurde. Oft warf man Weihrauch auf den Opferaltar, damit sich der angenehme Duft mit dem Rauch des Opfers vermischte; das Opfer selbst wurde manchmal ebenfalls teilweise mit Weihrauch gefüllt, bevor man es verbrannte. Auch außerhalb des Tempels wurde Weihrauch verbrannt. Die Griechen kannten natürlich Weihrauchfässer, die man in der Hand halten konnte. Aus alten griechischen Hymnen können wir entnehmen, daß beim Orpheus-Kult viele Arten von Weihrauch verbrannt wurden.

Die Römer

In der römischen Staatsreligion galt als eines der wichtigsten unblutigen Opfer das Opfern von tus, womit sowohl Weihrauch im allgemeinen wie auch Weihrauchharz (Olibanum) im besonderen gemeint war. Ein Ritus war unvollständig, wenn kein tus dabei verwendet wurde. Die Vermutung liegt nahe, daß tus anfänglich aus duftenden Holzarten und Kräutern bestand, so wie sie Ovid (ein römischer Dichter, der um den Beginn der christlichen Zeitrechnung lebte) in seinem Bericht über die Palilia, das Fest der Schafhirten, beschreibt. Er nennt darin Oliven- und Lorbeerzweige sowie die Zweige des Sadebaums, eines wachholderartigen Nadelbaums, der in heißen Gebieten wächst.

Später wurden statt der obengenannten Geruchsstoffe oder zusätzlich zu diesen auch Gummiarten und Harze verwendet - Weihrauch, Myrrhe, Safran und andere. Weihrauch wurde in der Zeit des Römischen Reichs genau wie bei den Griechen sowohl bei öffentlichen Gottesdiensten als auch den Hausgöttern geopfert. Man opferte ihn auf den größeren Altären sowie auf kleinen tragbaren Altären (foci turibulum). Transportiert und aufbewahrt wurde das Räucherwerk in einer Truhe, die acerra genannt wurde und die man bei Begräbnissen den Toten ins Grab mitgab.

Bei Blutopfern verbrannte man ein Weihrauchgemisch aus Safran und Lorbeer. Während das Opfertier zum Altar geführt wurde, wurde der Altar mit Weihrauch und Wein besprengt. Dann wurde das Blut des Opfertiers zusammen mit Weihrauch und den wichtigsten inneren Organen des Tieres verbrannt.

Zur Zeit der Christenverfolgung unter Kaiser Decius um 250 n. Chr. verwendete man Weihrauch auch für viele andere Zwecke. Man brachte Christen dazu, ihrem Glauben abzuschwören, indem man sie zwang, vor einem Bildnis des Kaisers oder sogar in Gegenwart des Kaisers auf einem Altar ein paar Weihrauchkörner zu opfern. Diese abtrünnigen Christen wurden als thurificati ("die, die Weihrauch geopfert haben") bezeichnet, nach thurifera, dem lateinischen Namen der Pflanze, aus der das Weihrauchharz gewonnen wird. Durch das Opfern von Weihrauch mußte der Christ seine Loyalität der Staatsreligion und damit auch dem Staat gegenüber unter Beweis stellen.

Hinduismus

Den Hinduismus könnte man als eine der "Hochburgen" des Weihrauchgebrauchs bezeichnen. Die Hindus waren zu allen Zeiten vernarrt in Wohlgerüche, und sie waren schon im klassischen Altertum berühmt für ihre Parfüms. Eines der ersten Produkte, die sie importierten, war Weihrauch aus Arabien, doch abgesehen davon waren bei ihnen schon seit unvordenklichen Zeiten alle möglichen einheimischen aromatischen Stoffe bekannt, beispielsweise Benzoe und andere Harze und Gummiarten sowie Samen, Wurzeln, getrocknete Blüten und intensiv duftende Holzsorten.

Weihrauch verbrannten die Hindus bei den gleichen Anlässen wie die Griechen und Römer, nämlich im Rahmen öffentlicher Riten sowie auch in Privathäusern. Eines der bei ihnen beliebtesten Ingredienzen war vermutlich Sandelholz. Auch heute noch ist Sandelholz ein Hauptbestandteil der Räucherstäbchen, die hierzulande in großen Mengen aus Indien importiert werden.

In dieser Tradition ist auch die indische Wahrsagerin zu sehen, die während Séancen ihre Inspiration durch heilige Pflanzen und Bäume zu wecken versucht. Sie legt sich ein Tuch über den Kopf und inhaliert den aus einem Feuer aufsteigenden Rauch, in welchem Zweige und Äste des heiligen Zedernbaums verbrannt werden. Betäubt und von Krämpfen geschüttelt fällt sie schließlich wie von Sinnen zu Boden und machte in diesem Zustand ihre Prophezeiungen.

Auch im modernen Hinduismus wird Weihrauch verbrannt. In Orissa opfert beispielsweise ein Priester zu Ehren Shivas auf einem Stein, der diesen Gott darstellt, täglich Weihrauch und duftende Parfüms. Und vor dem Bildnis Krishnas verbrennt man Kampfer und Weihrauch.

Buddhismus

Wie es bei vielen Religionen in der Entstehungsphase der Fall ist, verwendeten auch die Buddhisten zunächst keinen Weihrauch, da sie nicht an äußerlichen Ritualen interessiert waren. Im Laufe der Zeit erlagen jedoch auch sie dem Charme des Weihrauchs. Auf Shri Lanka beispielsweise opfert man vor Bildnissen des Buddhas Blumen und Parfüms. Am beliebtesten jedoch ist der Gebrauch von Weihrauch unter Buddhisten in Tibet, wo er auch bei der Initiation von Mönchen verbrannt wird und in Klöstern und Dorftempeln fester Bestandteil des täglichen Rituals ist. Der Hauptzweck der Rauchopfer ist, gutgesinnte Geister zur Unterstützung zu bewegen. Vor allem bei öffentlichen Festen und bei Zeremonien darf Weihrauch nicht fehlen; dicke Weihrauchwolken erfüllen dann die Luft. Außerdem wird er bei gesellschaftlichen Ereignissen wie der Taufe verbrannt, weiterhin bei Austreibungen sowie auch bei vielen anderen Zeremonien. Weihrauch und Parfüms zählen zu den Opfergaben der fünf Sinne. Diese Opfer sind von essentieller Bedeutung, und soweit bekannt ist, spielen Weihrauch und Blumen dabei schon seit Beginn des 7. Jahrhunderts eine wichtige Rolle.

Auch im japanischen Buddhismus wird Weihrauch verwendet, ebenso wie im Shintoismus, der japanischen Urreligion, die vom Buddhismus inspiriert wurde.

China

Die Chinesen scheinen von alters her mit Weihrauch vertraut zu sein. Sowohl im öffentlichen wie auch im privaten Bereich verwendeten und verwenden sie reichlich Räucherwerk. In Tempeln wird Weihrauch im Rahmen des täglichen Gottesdienstes und der täglichen Riten verbrannt. Bei Feierlichkeiten und Prozessionen kommt er zur Anwendung, und außerdem wird er den Hausgöttern und Ahnen auf Altären geopfert. Es wird empfohlen, beim Befragen der Götter und des I Ging wie eigentlich bei allen magischen Zeremonien Weihrauch zu verbrennen. Auch bei chinesischen Begräbnisriten und -prozessionen spielt Weihrauch eine wichtige Rolle, denn ihm wird nicht nur nachgesagt, er reinige die Atmosphäre, sondern er fungiert in diesem Zusammenhang auch als ein Opfer für die Verstorbenen - er soll den Geruchssinn der Toten angenehm erfreuen. In Kanton reinigt man die Häuser in der dritten Woche des zwölften Monats von allem Unrat und verbrennt anschließend drei Räucherstäbchen, um den Dämon der Armut zu vertreiben.

Christentum

In die Riten der christlichen Kirche hat der Weihrauch nur ganz allmählich Eingang gefunden. Die Gottesdienste der frühen Kirche waren sehr einfach. Weihrauch wurde in jener Zeit lediglich zu Reinigungszwecken verwendet und ansonsten gemieden, weil man in ihm ein Element jüdischen und heidnischen Ursprungs sah. Einige Gelehrte sind jedoch der Meinung, die Verwandtschaft des Christentums mit dem Judentum lege nahe, daß auch die Christen der Frühzeit offen für die Verwendung von Weihrauch gewesen sein müßten. Gamurrini veröffentlichte im Jahre 1887 ein Buch mit dem Titel Peterinatio ad Loca Santa, in dem der Reisebericht einer gewissen Silvia von Aquitanien aus der Zeit von 385-388 n. Chr. aufgenommen ist. Die Pilgerin gibt unter anderem vollständige und detaillierte Beschreibungen von Gottesdiensten einschließlich derjenigen der Osterwoche, an denen sie während ihres Besuchs in Jerusalem teilnahm. Unter anderem ist dort zu lesen, daß "Weihrauchfässer in die heilige Grotte (der heiligen Kirchen) gebracht wurden, und die ganze Kirche von Duft erfüllt war." Wie aus dem Bericht hervorgeht, wurde Weihrauch in diesem Fall für rein zeremonielle Zwecke benutzt.

Offenbar war also der Gebrauch von Weihrauch für diesen Zweck in den Jahren 385-388 n. Chr. nicht mehr ungewöhnlich, sondern hatte im Gegenteil bereits eine gewisse Tradition. Mit ziemlicher Sicherheit verwendeten die Christen Weihrauch, seit der römische Kaiser Constantin das Christentum zur Staatsreligion erhob. Das Liber pontificalis aus dem Pontifikat des Papstes Silvester (314-355) enthält eine Aufstellung des Inventars der Kirchen, die Constantin in Rom erbauen ließ. Aus dieser Aufstellung geht hervor, daß es in mehreren Kirchen goldene Weihrauchfässer gab.

Viele kirchliche Autoritäten behaupten, das Fehlen von Weihrauch auf den Listen sei darauf zurückzuführen, daß während der ersten drei Jahrhunderte nach der Zeit der Apostel in der christlichen Kirche kein Weihrauch verwendet worden sei. Doch angesichts der obengenannten Dokumente scheint der Schluß zulässig, daß die goldenen Weihrauchfässer für den zeremoniellen Gebrauch bestimmt waren. Man kann sogar mit ziemlicher Sicherheit vermuten, daß jene Dokumente nicht einmal den Anfang der Verwendung von Weihrauch markieren; eher lassen sie darauf schließen, daß Weihrauch zu jener Zeit bereits einen festen Platz im christlichen Ritus hatte. Nach dem 5. Jahrhundert verbreitete sich die Verwendung von Weihrauch in der christlichen Kirche immer stärker. Im 14. Jahrhundert war sie bereits fester Bestandteil der Messe und anderer Gottesdienstformen wie der Vesper, der Weihung von Kirchen sowie von Prozessionen und Begräbnissen.

Daß die Verwendung von Weihrauch in der jüdischen Religion die ersten Christen davon abgehalten hat, Weihrauch zu verwenden, mag durchaus der Wahrheit entsprechen. Ein noch wichtigerer Grund für die Christen, den Gebrauch von Weihrauch abzulehnen, war natürlich seine Assoziation mit dem Heidentum, und nicht zuletzt mit jener Praxis der Römer, daß die Christen mittels eines Weihrauchopfer gezwungen worden waren, ihrem Glauben abzuschwören. Abgesehen davon jedoch wurde Weihrauch in dieser Zeit zweifellos für Reinigungszwecke verwendet, beispielsweise bei Begräbnissen oder an Orten mit einem unangenehmen Geruch. Es gibt auch Hinweise auf die Verwendung von Weihrauch während der Eucharistiefeier, doch dabei handelt es sich wahrscheinlich um Aufzeichnungen aus späterer Zeit. Sicher ist, daß gegen Ende des 4. Jahrhunderts Weihrauch an Sonntagen bei der Vigilfeier verwendet wurde.

Das älteste uns bekannte schriftlich überlieferte Weihrauchrezept stammt übrigens aus dem Buch Exodus des Alten Testaments (Kapitel 30, Vers 34). Moses erhielt ein Rezept, das aus einer süßen Spezerei, Myrrhe, Onycha, Galbanum und reinem Weihrauch bestand, verbunden mit dem Gebot, dieses Räucherwerk ausschließlich für die Verehrung Gottes zu benutzen. Und gehörte Weihrauch nicht auch zu den Geschenken, die die drei Weisen aus dem Morgenlande dem neugeborenen Jesuskind überbrachten?

Islam

Im Islam hat Weihrauch keine besondere Bedeutung, allerdings wird an den Altären von Heiligen regelmäßig Weihrauch geopfert, und auch bei Begräbnissen gestattete die Tradition die Verwendung von Weihrauch als "Parfüm für die Verstorbenen". Die in Indien lebenden Moslems hingegen verbrennen, möglicherweise vom Hinduismus beeinflußt, Weihrauch bei ihren Riten (Beschneidung, Hochzeiten, Begräbnisse), da sie der Meinung sind, er halte böse Geister fern. Auch in den Häusern und bei Hochzeitszeremonien wird Weihrauch verbrannt.

In anderen Kulturen wird Weihrauch bei magischen Zeremonien eingesetzt, beispielsweise, um den bösen Blick abzuwehren oder bei der Beschwörung. Manchmal wird aufgrund der Buchstaben des Namens der Person, für die die Beschwörung ausgeführt wird, festgestellt, welches Parfüm zu verwenden ist. Die Ingredienzen für einen solchen auf eine bestimmte Person abgestimmten Weihrauch sind Olibanum, Benzoe, Storax, Koriandersamen und Aloe.

Ägyptisches Schiff, das mit Rohstoffen für Weihrauch beladen wird.

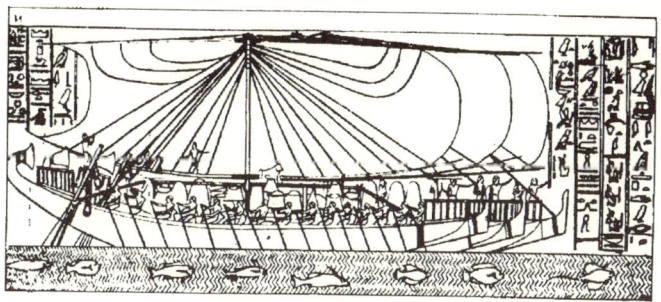

Ägyptisches Schiff auf der Rückfahrt mit duftenden Holzsorten und Rohstoffen für Weihrauch.

3.
Die Herstellung und das Verbrennen von Weihrauch

Weihrauch selbst herstellen

Wenn Du selbst Weihrauch herstellen willst, benötigst Du natürlich bestimmte Ingredienzen: pflanzliche Stoffe, die, wenn man sie verbrennt, die gewünschten Düfte und Schwingungen freisetzen. In Kapitel 4 findest Du Rezepte für spezielle Weihraucharten.

Für die Herstellung von Weihrauch mußt Du lernen, in kleinen Mengen zu denken: Ein paar Gramm oder sogar noch weniger einer Zutat sind für den Hausgebrauch meist mehr als genug. Große Mengen Weihrauch herzustellen (und folglich große Mengen von Zutaten zu verarbeiten) kann eine zeitraubende und kostspielige Angelegenheit werden, und wahrscheinlich wirstDu den größten Teil ohnehin nicht alleine verbrauchen können.

Die Ingredienzen müssen völlig trocken sein und so fein wie möglich pulverisiert werden. Sowohl die Rohstoffe als auch den fertigen Weihrauch kannst Du in dunkel gefärbten (Glas-)Gefäßen oder Vasen aufbewahren - das verhindert, daß sie durch Lichteinwirkung an Qualität verlieren.

Mischungen bereitst Du zu, indem Du die pulverisierten Zutaten mit Hilfe von Stößel und Mörser gründlich miteinander vermischst. Du kannst dem Gemisch mehr Zusammenhalt geben, indem Du etwas aromatisches Öl (höchstens ein paar Tropfen!) hinzufügst und ein klebriges Gummiharz wie Olibanum beimischt.

Nicht allen, jedoch vielen Mischungen mußt Du Sägemehl hinzufügen, um die Brennbarkeit zu verbessern. Hierfür eignen sich fast alle Sägemehlsorten, am besten jedoch das Holz von Zedern, Zypressen oder ähnlichen Bäumen, da die Sägespäne dieser Hölzer schon von Natur aus aromatisch sind.

Die Grundform selbstgemachten Weihrauchs ist das Korn. Kegel, Stöckchen und Würfel kann man ohne Hilfsmittel verbrennen, während man für Körner immer ein Gefäß oder eine Schale braucht und die Mischung außerdem auf Holzkohle schwelen lassen muß. Die meisten Ingredienzen werden in Pulverform zum Kauf angeboten, doch aus der Sicht der energetischen Vorbereitung ist es wesentlich wirksamer und auch schöner und befriedigender, die pflanzlichen Bestandteile selbst in der Natur zu sammeln und sie anschließend zu trocknen und zu pulverisieren. Folglich gehören Mörser und Stößel zu den wichtigsten Werkzeugen.

Kegel und dergleichen kannst Du anfertigen, indem Du die Ingredienzen gut vermischst und dann ätherische Öle (Pflanzendestillate) sowie ein Harz oder Gummiharz (beispielsweise Tragant) hinzufügst, was dem Endprodukt mehr Festigkeit gibt. Du knetest die Paste in die gewünschte Form und läßt sie an einem warmen Ort trocknen, am besten in der Sonne. Ein Wärmefach im Ofen eignet sich auch.

Sägemehl: Sägemehl aus aromatischem Holz wurde schon vor langer Zeit anstelle des Gummis und der Harze der gleichen Bäume als "Weihrauch" verwendet. So schrieb Plinius, daß die Griechen in der Zeit vor Homer nur Zedernholz und Zitrusholz als Lieferanten von Wohlgerüchen kannten, da diese Holzarten bei Opfern verwendet wurden. Sägemehl von aromatischem Holz wurde und wird auch heute noch von denjenigen verwendet, denen Gummi und Harze zu teuer sind. Abgesehen davon ist es empfehlenswert, jedem Weihrauchrezept ein paar Teile Sägemehl hinzuzufügen, um die Brennbarkeit zu verbessern.

Wenn Du selbst die Zutaten für Weihrauch sammeln willst, mußt Du über gewisse Kenntnisse im Bestimmen, Sammeln, Trocknen und Aufbewahren pflanzlicher Stoffe verfügen.

Bestimmen: Heutzutage befinden wir uns in der vorteilhaften Lage, viele Weihrauch-Zutaten in Spezialgeschäften oder über den Versandhandel beziehen zu können. In früheren Zeiten war dies nicht möglich, man mußte sie sammeln. Heute werden viele spezielle Stoffe aus mehr oder weniger fernen Ländern eingeführt, weshalb wohl nur die wenigsten Gelegenheit haben werden, diese selbst zu sammeln oder zu ernten. Das ändert jedoch nichts an der Tatsache, daß die Ingredienzen, die Du selbst suchst und erntest, nach den Lehren der lichtvollen Magie etwa dreimal so stark wirken wie solche, die Du kaufst.
Heute gibt es viele gute Pflanzenbestimmungsbücher, die für die Suche nach einheimischen Pflanzen, die Du für Deinen Weihrauch verwenden kannst, von unschätzbarem Wert sind.

Achte darauf, daß Deine Fundstellen nicht in der Nähe von Autobahnen, verschmutzten Flüssen und stehenden Gewässern liegen, und überzeuge Dich davon, daß die Pflanzen nicht mit Insektiziden oder anderen chemischen Stoffen gespritzt worden sind. Es hat wenig Sinn, Weihrauch aus verunreinigten Ingredienzen herzustellen. Reinheit ist einer der wichtigsten Faktoren, auf die Du achten mußt.

Eine Pflanze, die Du nicht mit Sicherheit bestimmen kannst, lasse am besten stehen, denn Verwechslungen können gefährlich sein.

Sammeln: Pflanzen sind energetische, von der Energie der Erde durchströmte Wesenheiten. Deshalb haben sich im Laufe der Zeit durch die Erfahrung gewisse Regeln für die Vorgehensweise beim Sammeln herauskristallisiert. Wenn Du diese Regeln befolgst, erhältst Du optimale Resultate.

Der Mond nimmt zu und ab, und in dieser stetigen Wellenbewegung zieht er die Weltmeere mit sich. Dadurch entstehen die Gezeitenbewegungen. Diese Zugkraft beeinflußt alle Lebewesen und somit auch Pflanzen und Bäume. Bei zunehmendem Mond drängt alle Lebensenergie nach oben. Deshalb ist dies die beste Zeit zum Ernten von Blüten, Blättern, Stengeln oder Rinden. Bei abnehmendem Mond bewegt sich die Lebensenergie nach unten, weshalb diese Zeitspanne sich am besten dazu eignet, um Wurzelteile zu "ernten". Ein Buch, in dem Du einen Mondkalender bis zum Jahr 2000 findest, ist die "Kosmobiologische Geburtenkontrolle" von Shalila Sharamon und Bodo J. Baginski - darüber hinaus kannst Du es zur Geburtenreglung und Empfängnisverhütung hinzuziehen.

Die Nacht ist die Domäne des Mondes, und daher sollte man die meisten Pflanzen an einem klaren, schönen Abend nach Sonnenuntergang sammeln.

Trocknen: Einige pflanzliche Stoffe wie die von Borretsch oder Löwenmäulchen können nur in frischer Form verwendet werden. Die meisten anderen hingegen lassen sich trocknen und in dieser Form über lange Zeit aufbewahren.

Vor dem Trocknen entfernst Du alle braunen und von Insekten angefressenen Blätter. Alle gepflückten Teile und alle Wurzeln wäschst Du gründlich mit klarem Wasser ab, am besten mit Quellwasser. Tupfe die Pflanzenteile mit einem Tuch oder mit Seidenpapier vorsichtig ab, bis sie trocken sind.

Blätter trocknest Du an der Luft, indem Du sie auf einem Blatt Papier ausbreitest und sie täglich wendest. Achte darauf, daß sich kein Schimmel bildet. Setze die Blätter niemals direktem Sonnenlicht aus und lege sie auch nicht zum Trocknen an ein offenes Fenster. Der geeignetste Trockenraum ist ein gut gelüftetes, selten benutztes Zimmer.

Die Blätter sind trocken, wenn Du sie zwischen den Fingern zerbröseln kannst. Wenn Du die Blätter benötigst, so ist jetzt der Zeitpunkt gekommen, die Stengel und andere holzige Teile zu entfernen.

Beim Trocknen von Samen wie denjenigen von Dill, Anis und Koriander mußt Du anders vorgehen. Binde die Stengel am Ende zusammen und stecke die Pflanzenbüschel vorsichtig in eine Papiertüte. Drehe die Öffnung der Papiertüte um die Stengelenden zusammen. So ist gewährleistet, daß die Samenkapseln in der Papiertüte aufspringen und keine Samen während des Trocknens verlorengehen. Die Tüten kannst Du in die Sonne oder in die Nähe eines Schornsteins hängen. Übrigens trocknen Samen sehr schnell. Schüttle die Samenkapseln oder rolle sie zwischen den Fingern hin und her, damit sich die Samen lösen.

Blüten, wie die von Rose und Lavendel, werden ebenso wie Blätter getrocknet. Die Blütenblätter von Rosen zupfst Du am besten ab, bevor Du sie auf das Trockenpapier legst. Lavendelblüten hingegen solltest Du erst nach dem Trocknen vom Stengel zupfen.

Wurzeln trocknen nur langsam, denn sie enthalten sehr viel Flüssigkeit. Es wird behauptet, daß bestimmte Wurzeln erst nach zwei Jahren richtig trocken seien. Hänge sie deshalb neben einem Kamin oder an einem warmen Ort auf. Du kannst die Trockenzeit verkürzen, indem Du nur soviel von der Wurzel trocknest, wie Du wirklich benötigst.

Die Trockenzeit variiert von Pflanze zu Pflanze. Mache es Dir damit nicht zu leicht. Sei geduldig: die Pflanzen müssen völlig trocken sein, weil sonst während der Lagerung Schimmel entsteht - und feuchte Pflanzenteile auch nicht brennen.

Lagerung: Sammle eine große Anzahl von vorzugsweise dunkel getönten Gläsern. Stelle eine Liste der Stoffe zusammen, von denen Du einen Vorrat anlegen willst, und etikettiere die Gläser. Notiere auch das Ernte- bzw. Einkaufsdatum, die Fundstelle und alle anderen Informationen, die Du für wichtig hälst. Klebe auf jedes Glas das richtige Etikett und verschließe die Gläser luftdicht. Achte darauf, daß Du den Inhalt eines Glases ganz aufbrauchst, bevor Du das Glas neu füllst.

Im Idealfall bewahrst Du die Ingredienzen in einem Weihrauchschränkchen auf, das Du Dir speziell dafür einrichtest und übersichtlich nach Planetenherrschern, Anwendungsmöglichkeiten und/oder anderen Kriterien ordnest.

Bei der Aufbewahrung ist folgendes zu beachten: Die Ingredienzen sollten nie direktem Sonnenlicht ausgesetzt werden, es sollte Luft darankommen können, und in der unmittelbaren Umgebung sollten sich keine magnetischen Störfelder (auch kein Fernsehapparat und keine Lautsprecher!) befinden. Auch getrocknete Pflanzenteile haben kein ewiges Leben, deshalb mußt Du sie nach etwa einem Jahr erneuern.

Ausrüstung für das Verbrennen von Weihrauch

Selbst hergestellter Weihrauch ist nach dem Zufügen von Gummiarten oder Harzen in der Regel körnig und kann deshalb nicht auf die gleiche Weise verbrannt werden wie beispielsweise Räucherstäbchen oder -kegel. Im Prinzip genügt ein einfacher Untersetzer oder eine Blechdose als Behälter - treffe aber Vorsorgemaßnahmen (Sand), um eine zu große Hitzeentwicklung und einen dadurch verursachten Brand zu verhindern. Doch steht nirgendwo geschrieben, daß das oberste Prinzip in allen Dingen Genügsamkeit ist, und es ist einfach viel ansprechender, ein trag- und schwenkbares Weihrauchfaß zu verwenden. Außerdem hat ein Weihrauchfaß, wie wir noch sehen werden, gegenüber einer Untertasse oder einer Konservendose einige Vorteile. Solch ein Faß kann man leicht kaufen, beispielsweise in einem Geschäft für kirchliches Zubehör (Devotionalienhandel) oder in einem Antiquitätenladen. Wie viele andere halten wir es jedoch nicht nur für preiswerter, sondern auch für schöner und befriedigender, sich selbst ein Weihrauchfaß anzufertigen.

Ein Weihrauchfaß kann aus den unterschiedlichsten Materialien hergestellt werden, wobei sich natürlich besonders Metall und Keramik anbieten. Wegen der beim Verbrennen des Weihrauchs entstehenden großen Hitze sind der Materialauswahl Grenzen gesetzt.

Auf den Boden des Schälchens oder des Weihrauchfasses muß eine Schicht Sand gestreut werden. Auf diese Sandschicht legst Du den Weihrauch, nachdem Du zuvor mit Deiner Fingerkuppe oder mit einem spitzen Gegenstand eine Anzahl von Linien oder Furchen in den Sand gezogen hast. Auf diese Weise stellst Du sicher, daß der Holzkohle während des Brennens von unten Sauerstoff zugeführt wird, denn andernfalls würde sie nach einer Weile erlöschen. Du solltest stets ein wenig Sand in Reserve halten, denn beim Entfernen der Holzkohlen- und Weihrauchasche mußt Du immer auch einen Teil des veräscherten Sandes wegnehmen.

Das Weihrauchfaß, ob trag- und schwenkbar oder nicht, kannst Du ganz nach eigenem Empfinden mit allen möglichen symbolischen oder dekorativen Motiven verzieren. Auch kannst Du dem Faß eine bestimmte Form geben, beispielsweise die einer Rose, wenn es für Handlungen dienen soll, die in den Bereich von Venus fallen, oder die Form eines Fischs, wenn es um Jupiter-Aktivitäten geht, oder eine beliebige andere Form, entsprechend dem Ritual, für welches Du das Faß verwenden willst. Allerdings wirst Du es vermutlich vorziehen, ein einziges Faß zu verwenden.

Hängende Fässer oder Ampeln aus Metall oder Keramik, wie sie unter anderem in Blumengeschäften zu finden sind, sind ebenfalls sehr praktisch. Schaue Dich am besten einfach in Deiner näheren Umgebung um. Solche "Fässer" lassen sich häufig an einem Deckenbalken oder -haken oder an einer dekorativen Vorrichtung aufhängen. Du mußt Dich allerdings wegen der Hitze und der möglicherweise aufflackernden Glut vergewissern, daß die Aufhängeschnüre (am besten aus Metall) lang genug sind und frei hängen. Wie hoch Du das Faß hängst, hängt allein von Deinen ästhetischen Vorstellungen ab. Auch den Aufhängeschnüren kannst Du übrigens eine passende Farbe geben und sie aus einem passenden Material anfertigen, wobei Du ebenfalls aus dem reichen Arsenal okkulter und esoterischer Entsprechungen schöpfen kannst. Beispielsweise könntest Du Dich für die Farbe Lila entscheiden, die den Planeten Jupiter symbolisiert, welcher unter anderem als Herrscher über Religion und Religionsphilosophien angesehen wird, oder für Gold, das die Sonne und den Erzengel Michael symbolisiert.

Sand

Getrockneter Strandsand von Deinem letzten Urlaub eignet sich ausgezeichnet zur Verwendung in einem Weihrauchfaß. Meersand steht symbolisch für das Element Wasser, das das Element Erde reinwäscht. Übrigens solltest Du möglichst Sand nehmen, der durch den Rückzug des Wassers bei Ebbe freigelegt worden ist, denn dieser ist am saubersten.

Das Anfertigen eines Weihrauchfasses

Viele Menschen sind handwerklich so geschickt, daß es für sie nicht sonderlich schwierig ist, sich selbst ein Weihrauchfaß zu basteln. Sollte das bei Dir nicht der Fall sein - versuche es trotzdem, es ist wirklich nicht so schwierig.

Denke immer daran, daß ein selbstgemachtes Weihrauchfaß durch die Schwingungen und Intentionen desjenigen "geweiht" ist, der es angefertigt hat. Deshalb war man in früheren Zeiten auch der Meinung, daß sogar alle Werkzeuge, die man zur Herstellung eines Weihrauchfasses benötigte, vom Schöpfer desselben angefertigt werden müßten. Viele sind heute immer noch dieser Ansicht.

Die meisten Weihrauchfässer sind aus Kupfer, obwohl sich ein preiswerteres und leichter zu bearbeitendes Material ebensogut eignet. Auch Stahl und Eisen sind ausgezeichnete Ausgangsmaterialien, nicht zuletzt deshalb, weil Stahl und Eisen ebenso wie Kupfer in den Bereich von Mars, eines der Feuerplaneten, fallen. Wer sich in seiner rituellen Praxis an okkulten Traditionen orientiert, wird solche Entsprechungen dankbar aufgreifen, um die verschiedenen Elemente in seine Aktivitäten einzubeziehen. Weihrauch wird dabei wahrscheinlich häufig als Repräsentant des Elements Feuer eintreten.

Ein Weihrauchfaß besteht in der Regel aus drei Teilen (siehe die Abbildungen):

❑ einem Außenfaß; dies ist oft dekorativ und besteht aus einer gestalteten Umhüllung und einem Deckel. Der Deckel ist meist perforiert, so daß nicht nur der Rauch des brennenden Weihrauchs abziehen, sondern auch der für den Verbrennungsvorgang notwendige Sauerstoff in das Faß strömen kann, denn ohne Sauerstoff verlischt die Holzkohle;

❑   einem Innenfaß; dieses muß aus feuerfestem Material angefertigt sein, denn es enthält den Sand, die Holzkohle und den schwelenden Weihrauch;

❑   der Aufhängung; normalerweise reichen drei Ketten aus, die rundherum an der Außenseite des Fasses befestigt werden und in einem Ring zusammenlaufen, mit dessen Hilfe man das Faß an einem Haken aufhängen kann.

Falls Du selbst ein Faß anfertigen willst, kannst Du wie folgt vorgehen: Nimm einen hohlen Zylinder oder eine rechteckige Umhüllung aus einem Material, das Dir gefällt. In jedem Fall muß dieser Teil nach unten offen sein. An der Umhüllung mußt Du Füße befestigen, damit der Boden des inneren Fasses nicht direkt mit dem Tisch oder Fußboden in Berührung kommt. Welche Form Du diesen Füßen gibst, bleibt Dir überlassen - sie können gerade, rechtwinklig, gekrümmt oder verschnörkelt sein. Bei einer zylinderförmigen Umhüllung reichen schon drei Füße, um dem Faß Standfestigkeit zu geben. Dieses Detail mag vielleicht trivial erscheinen, doch wenn Du das Faß hinstellen willst, statt es aufzuhängen, mußt Du sichergehen, daß es nicht umfallen kann. Stabilität ist schließlich die Grundlage aller Dinge.

Der einsetzbare Boden muß eine dem Querschnitt der Umhüllung entsprechende Form haben, jedoch etwas kleiner sein, damit die Luft von unten in das Faß eindringen und zirkulieren kann. Diesen Boden kannst Du mit Hilfe von kleinen Ketten oder Metallstreifen in die Umhüllung hängen (siehe Abbildung). Sorge dafür, daß der Boden tief genug ist, denn er muß ja den kühlenden Sand, die glühende Holzkohle und den schwelenden Weihrauch

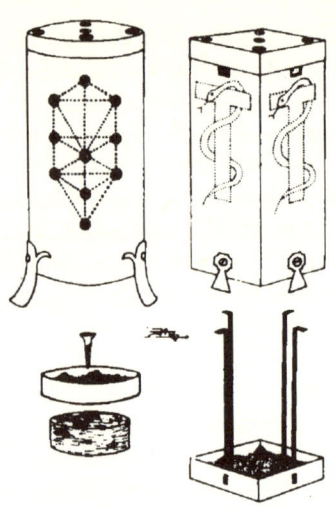

Bestandteile und Dekoration eines Weihrauchfasses

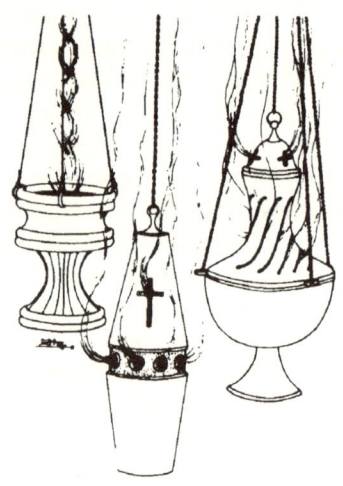

Verschiedene Formen und Modelle von Weihrauchfässern

aufnehmen und sicherheitshalber noch etwas Raum zusätzlich haben. Die Ketten oder Metallstreifen, mit denen Du den Boden in der Hülle befestigst, müssen alle gleich lang sein, damit der Boden nicht schief hängt.

Eine andere Möglichkeit ist, mit Hilfe einer langen, senkrecht von oben nach unten durch das Faß laufenden Schraube (bzw. eines Metallstabes mit Gewinden an den Enden und Muttern) den Boden am Deckel des Fasses zu befestigen.

Die Konstruktion muß es Dir in jedem Fall ermöglichen, daß Du den Weihrauch anzünden und auf die glühende Holzkohle legen kannst, bevor Du den Boden an der Hülle befestigst. Selbst auf die Gefahr hin, daß es Dir übertrieben erscheinen mag, möchten wir noch einmal wiederholen, daß Du äußerste Vorsicht walten lassen mußt, denn da Du mit Feuer umgehst, besteht immer die Gefahr eines Brandes. Laß Dich nicht allzusehr vom Enthusiasmus mitreißen, und vergiß bei allem nie Deinen gesunden praktischen Menschenverstand. Beispielsweise sollte Dir klar sein, daß sich das soeben beschriebene Modell nicht zum Schwenken eignet...

Über die Größe eines Weihrauchfasses läßt sich schwer generell etwas sagen. Du mußt zuerst überlegen, ob Du ein trag- und schwenkbares Faß haben willst oder nicht. Wenn ja, mußt Du Gewicht und Transportierbarkeit berücksichtigen, außerdem die Grundform, die Dir zur Verfügung steht, und Du mußt Dir darüber klar werden, eine wie große Menge an Weihrauch das Faß aufnehmen soll. Nicht unwichtig ist in diesem Zusammenhang auch das Verhältnis der Größe des Weihrauchfasses zu der Größe der anderen Gegenstände, die Du bei Deinen Aktivitäten verwenden willst. Bei lichtvollen magischen Ritualen spielt auch die Ästhetik eine nicht unwichtige Rolle. Deine Arbeit kann wirksamer werden, wenn Du auf eine harmonische Gestaltung Deiner Hilfsmittel und Handlungsmuster achtest, denn in Ihnen spiegelt sich die Harmonie des Kosmos wider.

Verzierungen

Du kannst die Bestandteile des Weihrauchfasses, vor allem natürlich die äußere Hülle und den Deckel, nach Belieben mit dekorativen und/oder symbolischen Inschriften, Figuren und ähnlichem verzieren. Bei einem rechteckigen Außenfaß beispielsweise bieten sich symbolische Hinweise auf die vier Jahreszeiten an, so daß Du bei Deinen Ritualen je nach Jahreszeit die entsprechende Seite des Fasses nach vorne drehen kannst. Die Zahl Vier hat eine Vielzahl an Entsprechungen - mit den vier Mondphasen und den vier Elementen möchten wir nur zwei davon nennen. Das gleiche gilt auch für andere Zahlen und Formen.

Wenn Du hitzebeständige Farbe verwendest, kannst Du das Weihrauchfaß auch farblich gestalten. Welche Farben Du bevorzugst, ist letztlich natürlich eine Sache des persönlichen Geschmacks, doch Du kannst auch symbolische Farben wählen, beispielsweise die Farbe, die astrologisch mit Deinem Planeten oder Sonnenzeichen korrespondiert (siehe auch den Abschnitt über Farben).

Und wo wir schon bei der Farbe sind: Auch dem Weihrauch selbst kann Farbe zusätzlich Symbolkraft verleihen. Dazu fügt man dem Weihrauch einen passenden Farbstoff hinzu oder leuchtet den aufsteigenden Rauch mit farbigen Lampen an.

Die Seitenflächen und den Deckel des Weihrauchfasses kannst Du in bestimmten Mustern perforieren. Laß dabei Deiner Phantasie freien Lauf. Klassische Formen sind unter anderem Kreuz und Lebensbaum. Die Form der Perforation bestimmt weitgehend, wie der Rauch aus dem Faß austritt. Wohlgemerkt, Du sollst perforieren, nicht ganze zusammenhängende Stücke herrausschneiden.

Auch in den Deckel kannst Du perforierte Figuren stechen. So können vier Löcher in den Ecken die vier Windrichtungen oder die vier Elemente symbolisieren, während ein fünftes, zentrales Loch symbolisch den Schoß des Lebens darstellt. Fünf ist übrigens - um hier nur eine der vielen Möglichkeiten zu nennen - die Zahl, die im Tarot dem Hohenpriester entspricht, und diese Karte repräsentiert unter anderem symbolisch Religion, Philosophie und esoterisches Wissen.

Wenn man ganz sicher gehen will, kann man das Weihrauchfaß zusätzlich noch auf eine Unterlage aus feuerfestem Material stellen, so daß eventuell herausfallende Holzkohle keinen Schaden anrichten kann. Natürlich bietet sich auch eine solche zusätzliche Unterlage geradezu für Verzierungen an. Dies gilt vor allem, wenn Du einen speziellen Altar einrichtest (siehe unten).

In jedem Fall sollte man alle nur denkbaren Sicherheitsregeln im Auge behalten. Wenn Du diese bei der Auswahl des Materials, bei der Verzierung, der Wahl der Formen usw. berücksichtigst, kannst Du für die weitere Gestaltung Deine Phantasie und Dein esoterisches Wissen einfließen lassen. Dies ist übrigens keineswegs unwichtig. Zwar können auch schmucklose Weihrauchfässer alle gewünschten Funktionen erfüllen, doch wie bereits mehrmals angedeutet wurde, erhöht in der rituellen Anwendung alles, was Du selbst zum Ritual beisteuerst, dessen Wirksamkeit. Auch die Lehre von den Entsprechungen spielt hierbei eine wichtige Rolle. Die Wahl der richtigen Entsprechungen zeigt, daß Du weißt, was Du tust. Du erzeugst damit außerdem Harmonie, und das ist es, worauf die lichtvolle Magie zielt und was ihre Grundlage darstellt.

Das Verbrennen des Weihrauchs

Wenn du jemanden, der Weihrauch in einem Faß verbrennt, genau beobachtest, wirst Du feststellen, daß der oder die Betreffende (in alten Zeiten verbrannten die Tempeldienerinnen den Weihrauch!) den Deckel des Fasses regelmäßig auf- und abbewegt, um durch eine Art Blasebalgbewegung den Verbrennungsprozeß in Gang zu halten; diese Bewegung sorgt dafür, daß neuer, frischer Sauerstoff in das Faß strömt.

Wieviel Weihrauch Du jeweils verbrennen kannst, hängt von Faktoren wie der Größe des Raumes und der Zahl der Anwesenden ab. Durch Experimentieren mußt Du herausfinden, welche Menge ausreicht, denn es ist wohl nicht sinnvoll, soviel Weihrauch zu verbrennen, daß Du sozusagen einen Blindenhund brauchst, um den Weg durch den Rauch zu finden. Nimm besser zuwenig als zuviel, denn Du kannst immer noch etwas hinzufügen. Auch solltest Du Dich nicht zu Weihrauch-Akrobatik verleiten lassen. Damit meine ich, daß Du Dich nicht damit brüsten solltest, wie virtuos Du mit dem Weihrauchfaß jonglieren kannst, denn das ist schlichtweg gefährlich.

Es ist auch nichts dagegen einzuwenden, statt eines großen Weihrauchfasses mehrere kleinere zu benutzen, die mit entsprechend kleineren Mengen Weihrauch gefüllt sind. Außerdem lassen sich mit kleineren Weihrauchfässern, die Du beispielsweise in die vier Ecken Deines "Tempels" stellst und mit verschiedenen Weihrauchmischungen füllst, andere Wirkungen erzeugen als mit einem einzigen großen Faß. Kleinere Weihrauchfässer empfehlen sich natürlich auch, wenn man mit verschiedenen Farbeffekten arbeiten will.

Das Weihrauchfaß zu schwenken ist häufig wegen der Luftzufuhr notwendig. Zudem ist dies ein eindrucksvoller Anblick, und das Eindrucksvolle ist suggestiv, und Suggestion ist ein unverzichtbarer Bestandteil auch der lichtvollen Magie... Indem Du das Faß mit der Hand schwenkst, fügst Du dem Ritual außerdem eine rhythmische Qualität hinzu, und auch Rhythmus verstärkt die lichtvolle magische Kraft. Achte aber darauf, daß sich die Ketten des Fasses nicht ineinander verdrehen, denn das könnte dazu führen, daß das Faß zu kreiseln anfängt oder sich zu einer Seite neigt. Wenn Du einen Raum einräuchern willst, reichen Schwenkbewegungen in einem Winkel von maximal 45 Grad; größerer Winkel wäre nur gefährlich. Wenn Du mit einem Weihrauchfaß in der Hand herumläufst, so trage es immer vor Deinem Körper, damit Du beobachten kannst, was im Inneren des Fasses vor sich geht. Soll der Weihrauch nur als Hintergrund für ein Ritual dienen, so reicht es natürlich aus, das Faß auf einen festen Platz zu stellen.

Holzkohle

Meistens verwendet man Holzkohle, die vom Weidenbaum stammt. Die gebräuchlichste Form sind viereckige oder runde Stückchen, die Du sogar im Supermarkt kaufen kannst. Manchmal wird auch körnige oder pulverisierte Holzkohle angeboten. Es gibt im wesentlichen zwei Arten von Holzkohle: solche mit und solche ohne Salpeter (Kaliumnitrat). Salpeter wird manchmal auch separat dem Weihrauch hinzugefügt, um die Brennbarkeit zu verbessern.

Salpeter fällt unter die Herrschaft des Planeten Mars; wahrscheinlich nicht zuletzt deshalb, weil der Stoff ein Bestandteil von Munition ist. Salpeter ist ein unberechenbarer, leicht bitter riechender Stoff - ein weiterer Grund dafür, ihn der Herrschaft des Mars zu unterstellen. Wenn Du nicht Deinen gesamten Weihrauch mit den Schwingungen von Mars aufladen willst, kannst Du, um die Brennbarkeit zu erhöhen, statt Salpeter kleine Mengen von Spiritus über die Holzkohle gießen.

Die Holzkohle darf natürlich nicht lodernd brennen, denn dann würde der Weihrauch wie Schnee in der Sonne schmelzen.

Ideal ist ein leichtes Schwelen. Wenn die Holzkohle noch pechschwarz ist und an den Rändern rotglühende Fleckchen zu sehen sind, brennt sie genau richtig. Hin und wieder wird es allerdings notwendig sein, die Glut ein wenig zu schüren.

Du kannst auch einfach aus Barbecue-Asche Holzkohle herstellen, die sich zum Verbrennen von Weihrauch eignet. Vermahle die Asche zu einem feinen Pulver und forme mit Hilfe eines Bindemittels, beispielsweise Eiweiß, kleine Blöcke daraus. Verknete die Stücke zu einer ziemlich steifen Paste und streiche sie dann in einer flachen Schale aus, damit sie gut trocknet.

Ein Weihrauchaltar

Der Begriff Altar geht etymologisch zurück auf das lateinische Wort altus, das "erhöht" oder "erhaben" bedeutet. Gewöhnlich bezeichnete es einen erhöhten Platz oder eine hohe Tischplatte, auf dem die Opfer dargebracht wurden. Später, und auch heute noch, diente bzw. dient ein solcher "Altar" dazu, die Aufmerksamkeit aller Teilnehmer an einem religiösen oder magischen Ritual

auf einen einzigen Punkt zu konzentrieren, so daß die Vorgänge an jenem Altar im Mittelpunkt der allgemeinen Aufmerksamkeit standen. Möglicherweise hat der Altar gleichzeitig die Funktion, den Eintritt in einen bestimmten Meditationszustand zu ermöglichen, ähnlich wie es beim Schauen in eine Glaskugel oder in einen Kristall der Fall ist. Abgesehen davon ist ein Altar auch nützlich als Ablagefläche für Ritualgegenstände, die man zu einem anderen Zeitpunkt der Zeremonie benötigt. Dies ist eine der Funktionen des Altars in den Heiligen Messen der römisch- katholischen Kirche.

Wahrscheinlich wirst Du keinen tragbaren Altar, so wie er aus dem Alten Testament bekannt ist, benötigen. Ein Altar bietet eine ganze Reihe von Vorteilen. Außer den bereits genannten spielen dabei auch Aspekte aus der lichtvollen magischen Tradition eine Rolle. So heißt es in den Lehren der Ritualmagie, daß Handlungen wirksamer sind, wenn sie nach einem bestimmten, immer wiederkehrenden Muster wiederholt werden. Ein Altar ermöglicht es Dir, dem Element des Weihrauchs bei Deinen energetischen Operationen einen rituellen Zusammenhang zu geben. Gleichzeitig besitzt ein fester Platz, an dem Du Deine Rituale ausführst, schon an sich rituelle Kraft. Da an diesem Ort so häufig mit positiven Schwingungen gearbeitet wird, ist er gleichsam eine Hochburg guter Schwingungen und Intentionen, was zum Erfolg Ihrer Aktivitäten beitragen wird. Außerdem erinnert Dich ein Altar immer wieder daran, daß Du, wenn Du Dich ihm näherst, die alltäglichen Sorgen hinter Dir lassen mußt und Dich ganz auf das Höhere, auf die lichtvollen Mächte des Universums, einstimmen sollst.

Einen Altar (und einen speziellen "lichtvollen" Raum für Deine Rituale) kannst Du nach Deinem eigenen Geschmack und nach Deinen Bedürfnissen gestalten. Auch diese - übrigens nicht zu unterschätzenden - gestalterischen Elemente kannst Du ganz nach Deinem persönlichen Belieben wählen. Auch dabei wiederum können Entsprechungen eine wichtige Rolle spielen. Die Größe des Altars ist von der Art Deiner Vorhaben abhängig. Willst Du beispielsweise das Opfern von Weihrauch mit dem Brennen von Kerzen kombinieren, so muß der Altar größer sein, als wenn er nur dem Verbrennen von Weihrauch dienen soll. Auch die Höhe der Altarplatte sollte Deinen Vorhaben angemessen sein. Wir persönlich halten ein ziemlich hohes Tischchen oder Schränkchen für ideal, weil dann darunter noch etwas Raum bleibt, um ein Weihrauch- und Kräuterschränkchen einzurichten, so daß Du alles immer leicht zur Hand hast.

a. Der König von Ägypten opfert in einer Räucherschale Weihrauch.

b. Der König von Ägypten opfert in einer Räucherpfanne mit einem langen Handgriff Weihrauch, während er mit der anderen Hand ein Trankopfer darbringt.
(aus "Life in Ancient Egypt" von Adolf Erman)

4.
Weihrauchrezepte

Es gibt Weihrauchrezepte für viele verschiedene Anwendungen und Zwecke. In diesem Kapitel werden wir eine Anzahl bekannter Weihrauchmischungen beschreiben. Wir haben sie nach folgenden Kriterien geordnet:

A. Weihrauch(mischungen) bestimmter Völker und Religionen.

B. Weihrauch für Liebesangelegenheiten.

C. Weihrauch für Erfolg.

D. Weihrauch für geistige und körperliche Heilung.

E. Weihrauch für Schutz und Reinigung.

F. Weihrauch zum Wahrsagen

G. Weihrauch für verschiedene Zwecke

A. Weihrauchmischungen bestimmter Völker und Religionen

China

Grundlage chinesischer Weihrauchmischungen sind immer Patschouliblätter oder -wurzeln. Häufig wird außerdem etwas Zimt hinzugefügt und hin und wieder sogar Exkrete von Schweinen. Diese Grundkombination kann nach Belieben durch andere Stoffe ergänzt werden, wahrscheinlich wirst Du die Exkremente von Schweinen weglassen. Weihrauchmischungen dieser Art wurden in Tempeln und bei Zeremonien verbrannt. In den Klöstern Tibets verbrennt man oft auch einfach Butter als Räuchersubstanz.

Ägypten

Bei ägyptischen Weihrauchmischungen ist die Basis meist Benzoe, oft ergänzt durch etwas Olibanum und Myrrhe. Auf diese Weise werden die für Ägypten typischen Gerüche und die für dieses Land typische Atmosphäre erzeugt.

Indien

Bei jedem indischen Weihrauch ist die Grundlage Sandelholz; für den Gebrauch in Tempeln werden dem Sandelholz Gewürze wie Zimt hinzugefügt. Oft wird Weihrauch in Indien auch verfeinert, indem man ihm ätherische Öle oder Parfüms zusetzt.

Persien (Iran)

Von alters her ist die Grundlage persischen Weihrauchs Sandelholz und ein Gewürz, meist Zimt; dazu kommen entweder Benzoe oder Olibanum und Myrrhe.

Europa

Europäischer Weihrauch besteht in der Regel aus Holzkohle, Sandelholz, Patschouli, Zimt, Benzoe und einem Parfümöl nach Wahl (meist eine Blütenessenz).

Buddhismus

Buddhistischer Weihrauch unterscheidet sich nicht von dem Weihrauch, der allgemein in China gebräuchlich ist.

Hinduismus

Die Weihrauchform, die allgemein in Indien verwendet wird, wird auch von den Hindus verbrannt, doch sie fügen zusätzlich süß duftende Parfüms oder ätherische Öle hinzu.

Islam

Schiitische Mohammedaner verwenden in der Regel den bereits im Zusammenhang mit Persien beschriebenen Weihrauch, während die übrigen Gruppierungen innerhalb des Islam meist Weihrauch nach ägyptischem Rezept verwenden.

Römisch-katholische Kirche

Meist wird in der römisch-katholischen Kirche reines Weihrauchharz verwendet, das auf Holzkohle verbrannt wird. In der römisch-katholischen Kirche existieren strenge Vorschriften hinsichtlich des zu verwendenden Weihrauchs, und synthetische und aromatische Stoffe sind generell nicht erlaubt.

Bei manchen Gelegenheiten gestattet es die Kirche jedoch, dem Weihrauch bestimmte Ingredienzen hinzuzufügen, beispielsweise etwas Myrrhe (die Drei Könige aus dem Morgenland) und Benzoe, Sandelholz oder Zimt.

Weihrauch des Alten Testaments

Der Weihrauch, von dem im Alten Testament die Rede ist, enthält immer Olibanum und das Gummiharz von Myrrhe, vermischt mit Sägemehl. Dieses Gemisch wird auf Holzkohle verbrannt. Je nach Verwendungszweck kann zusätzlich ein passendes Parfüm hinzugefügt werden. Das Grundrezept ist:

    1 Teil Olibanum
    1 Teil Myrrhekörner
    2 Tropfen eines reinen Parfümöls
    8 Teile Holzspäne

Um den Weihrauch etwas würziger zu machen, fügt man oft außer Zimt auch Ingredienzen wie Gewürznelke, Zitronenschale und Orangenschale hinzu. Wer diesen Weihrauch verwenden will, kann selbst ein (natürliches) Aroma dazu wählen.

Okkulter Weihrauch

"Okkulter" Weihrauch dient dazu, höhere Schwingungen zu erzeugen, die speziell auf das "Werk" abgestimmt sind, mit dem der Benutzer befaßt ist. Okkulter Weihrauch kann deshalb alle Ingredienzen enthalten, die sich für Weihrauch im allgemeinen eignen, zumindest solange ausschließlich ätherische und aromatische Öle hinzugefügt werden. Okkulte Weihrauchrezepte sind ein Gebiet für sich und sie verdienen eigentlich ein eigenes Buch.

Die Rezepte, die in diesem Buch wiedergegeben werden, sind nur eine kleine Auswahl derjenigen, die in der lichtvollen magischen und okkulten Praxis verwendet werden. Einige der beschriebenen Rezepte haben einen religiösen oder naturphilosophischen Hintergrund. Um okkulten Weihrauch brennbar zu machen, sollte man stets ein paar Teile Sägemehl hinzuzufügen, und zwar von einer Sägemehlart, die speziell für diese Zwecke im Handel ist.

B. Weihrauch
für Liebesangelegenheiten

Liebe ist die lichtvoll-magischste, mystischste, bindendste und anregendste, aber gleichzeitig potentiell auch die zerstörerischste Energie, die es auf diesem Planeten gibt. Liebe kann Raum und Zeit überwinden, Treue in Haß verwandeln und sogar Revolutionen und Kriege entfesseln.

Bestimmte Kräuter schwingen auf der Ebene der Liebe. Sie werden beispielsweise verwendet, um Liebe anzuziehen oder um eine für Liebe geeignete Atmosphäre zu kreieren. Die Liebeskräuter erzeugen eine freundliche und anziehende Ausstrahlung. Sie können eine Aura kreieren, die unwiderstehlich fesselnd und verführerisch macht.

Liebesweihrauch verbreitet gewöhnlich einen süßen Duft - denke an Blumen und Früchte -, doch wahrscheinlich hat der Mensch im Laufe der Zeit, inspiriert durch seine unstillbare Sehnsucht nach Liebe, mit allen nur verfügbaren Kräutern in dieser Hinsicht experimentiert.

Moschus-Patschouli-Weihrauch
Mische (für die Meister der Energien: an einem Freitag) eine nicht zu kleine Menge gleicher Teile von:

Lavendel
Drachenblutblatt
Myrte
Rosenblütenblätter
Florentinische Schwertlilienwurzel;

und füge drei Tropfen Öl von Moschus (Ersatzstoff) und Patschouli hinzu.

Pulverisiere das Gemisch so fein wie möglich und laß es etwa eine Woche lang auf einer nicht metallischen Unterlage ruhen. Dann pulverisiere es, wenn möglich, noch feiner und bewahre es in einem gut verschließbaren Gefäß auf. Wenn Du es benutzen willst, verbrenne drei Eßlöffel auf Holzkohle.

Venus-Weihrauch

Vermische und pulverisiere gleiche Teile (etwa je 1 Eßlöffel) von

Siam-Benzoe und
Rosenblütenblatter;
füge eine Prise Muskatnußpulver hinzu.

Kleopatra-Weihrauch

Die ägyptische Königin Kleopatra, von der es heißt, sie hätte sich Männer zu Sklaven gemacht, soll dies unter anderem mit Hilfe der süßen Düfte eines herrlichen Weihrauchs erreicht haben, den sie bei ihren Begegnungen mit Männern verbrannte. Vermutlich ist auch Marcus Antonius durch solche Düfte in ihre Gemächer gelockt worden. Ihre Gemächer und ihre Kleidung sollen stets herrlich geduftet haben, so daß alle, die ihre Gemächer betraten, das Gefühl hatten, sich in der Nähe einer wunderbaren Blume zu befinden. Dieser Kleopatra-Weihrauch (hier in leicht abgewandelter Form, die entgegen dem ursprünglichen Rezept auf hochgiftige Bestandteile verzichtet) ist von einem sanftem Duft, der eine orientalische Atmosphäre erzeugt.

8 Teile Schale der Iriswurzel
12 Teile Sandelholz
4 Teile Florentinische Schwertlilienwurzel
4 Teile Patschouliblätter
4 Teile Myrrhe
4 Teile Olibanum
1 Teil Sägemehl
1 Teil Salpeter

Liebesweihrauch

4 Teile Olibanum
10 Teile Sägemehl
2 Teile Sandelholz
1 Teil Myrrhe
1 Teil Iriswurzel
1 Teil Salpeter

Liebende haben in allen Jahrhunderten versucht, mit Hilfe von Weihrauch die Liebe im Herzen ihrer Geliebten zu erhalten und negative Einflüsse abzuwehren. Der süße Duft dieses Liebesweihrauchs soll nach der Überlieferung zwei Seelen für ewig miteinander verbinden und von außen angreifende Einflüsse ablenken.

Weihrauch zum Anziehen von Liebe

1 Teil Rosenblütenblätter
2 Teile Patschouli
1 Teil Zimt
2 Teile rotes Sandelholz

Weihrauch für Liebende

2 Teile Rosenblütenblätter
1 Teil Verbena
1 Teil Koralle
3 Teile Sandelholz
2 Teile Rosmarin
2 Teile Wermut oder ein anders Kraut, das mit Leidenschaft in Verbindung gebracht wird (siehe Kapitel über Weihrauchzutaten).

Dieser Mischung werden ein paar Tropfen eines naturreinen Blütenöls nach Wahl und ein Eiweiß zugesetzt. Der Weihrauch wird auf Holzkohle gelegt und verbrannt. Jedes Kraut mit einem süßen Duft eignet sich im Prinzip für diesen Zweck. Außer Wermut eignen sich sehr gut:

Zitrone
Kardamom
Zimtrinde
Ingwer
Vanille

Schlichten eines Streits in einer Liebesbeziehung

Verbrenne reines Basilikum als Weihrauch.

Lindern von Liebeskummer

Den Schmerz einer verlorenen Liebe, das gebrochene Herz, kann man ein wenig lindern, indem man einen Liebesweihrauch ergänzt durch:

Weinrautenblätter
Portulak
Wegwarte und Efeu oder

Mekkabalsam
Baldrian
frisches Alpenveilchen

Pflanzen, die mit der Liebe in Zusammenhang gebracht werden

In der folgenden Aufzählung findest Du einige Namen von Kräutern und Blüten, die gewöhnlich mit der Liebe in Zusammenhang gebracht werden. Falls Du experimentierfreudig bist, kannst Du auf der Grundlage dieser Aufzählung selbst Weihrauchmischungen zusammenstellen. Die allgemeine Regel, daß man wegen der Vergiftungsgefahr keines der aufgeführten Kräuter trinken oder essen sollte, gilt auch in diesem Fall.

Alant	Kreuzkümmel
Nelke	Koriander
Apfel	Lorbeer
Aster	Liebstöckel
Basilikum	Lavendel
Bergamotte	Olibanum
Bilsenkraut	Immergrün
Butterblume	Alraune
Zitronenmelisse	Majoran
Zitronenkraut (Eberraute)	Mekkabalsam
Drachenblutblatt	Myrrhe
Schafgarbe	Myrte
Florentinische Schwertlilie	Moschus
Iriswurzel	Mädesüß
Jasmin	Patschouli
Kümmel	Rose

Rosengeranie
Rosmarin
Tonkabohne
Tormentile
Verbena (Eisenkraut)
Veilchen
Eisenhut

Fruchtbarkeit

Zur Erhöhung der Fruchtbarkeit kannst Du unter
folgenden Zutaten wählen:
Apfel
Basilikum
Eichel
Granatapfel
Hasel
Jasminblüte (für Frauen)
Gurkenschale
Schlafmohnsamen
Myrte
Nüsse (alle Arten)
Alraunwurzel (für Männer)

C. Weihrauch, der Erfolg anziehen soll

Die Juden brachten in früheren Zeiten, wenn sie in irgendeiner Sache Erfolg anziehen wollten, ihrem Gott Weihrauch dar. Die Kabbalisten taten dies ebenfalls. Dem lag die Annahme zugrunde, die Gedanken und Wünsche desjenigen, der Weihrauch verbrenne, würden - getragen von den Schwingungen des Weihrauchs - zu einer hinter allem wirsamen Kraft vordringen. Beliebt in diesem Zusammenhang war folgende Mischung, ebenfalls pulverisiert:

30 Teile Sandelholz
10 Teile Myrrhe
5 Teile Patschouliblätter
5 Teile Iriswurzel
10 Teile Zimt
40 Teile Olibanum
3 Teile Salpeter

Ein anderes überliefertes Rezept lautet:

3 Teile Wurzel von Vetiver (Vetiveria zizanioides)
10 Teile Sandelholz
2 Teile Olibanum
3 Teile Myrrhe
1 Teil Eisenhutwurzel

Eine einfache Kombination ist Benzoe und Zimt in gleichen Teilen. Dieses Gemisch eignet sich vor allem dann, wenn man geschäftlichen Erfolg anziehen will.

Weihrauch für Erfolg im allgemeinen

8 Teile Sägemehl
2 Teile Olibanum
2 Teile Sandelholz
1 Teil Myrrhe
2 Teile Zimt
1 Teil Iriswurzel
1 Teil Salpeter
1 Teil gelber Farbstoff

D. Heilender Weihrauch

Von vielen pflanzlichen Stoffen ist bekannt, daß sie eine heilkräftige oder lindernde Wirkung haben, sowohl bei körperlichen wie auch bei geistigen Leiden. Pflanzliche Stoffe können auf verschiedene Arten für Heilzwecke benutzt werden, beispielsweise in Duftsäckchen, in Kissen, als Tee, als Riechöl usw. Doch auch in Form von Weihrauch können sie ihre Wirkung entfalten.

Heilender Weihrauch

Ein bekannter heilender Weihrauch besteht aus:

1 Teil Myrrhe
2 Teile Hagebutte
1 Teil Safran

Bei Lungenleiden

Ein Weihrauch aus Johanniskraut

Bei Augenleiden

Ein Weihrauch aus Augentrost

Bei Kopfschmerzen

Bei Kopfschmerzen kannst Du einen der im folgenden aufgeführten pflanzlichen Stoffe wählen und einen Weihrauch daraus herstellen. Du kannst auch Kombinationen aus mehreren dieser Zutaten zusammenstellen:

Alraune	Gewürznelke
Pfefferminze	Majoran
Beifuß	Orangenschale

Erkältung

Bei Erkältungen bereite einen Weihrauch aus Eukalyptus.

Heilender Weihrauch sollte in einem dunklen Glas oder in einem gut verschließbaren Topf aus Keramik aufbewahrt werden. Nach ungefähr einem Jahr haben die Kräuter meist ihre Wirkkraft verloren.

Wie bereits gesagt, haben viele pflanzliche Stoffe eine heilsame Wirkung. Bekannt dafür sind unter anderem:

Nelke	Narzisse
Bergamotte	Augentrost
Beifuß	Pfefferminze
Eiche	Poleiminze
Eukalyptus	Hagebutte
Gurkenschale	Rosmarin
Gewürznelke	Safran
Lavendel	Orangenschale
Lotus	Sandelholz
Knoblauch	Veilchen
Myrrhe	Weinraute

E. Weihrauch für Schutz und Reinigung

Viele Kräuter und andere pflanzliche Lebensformen strahlen schützende Kräfte aus. Wo sie verbrannt, aufgehangen oder getragen werden, lösen sie stockende Energien auf, und außerdem bilden sie eine Art feinstoffliches Schutzschild.

Weil solche pflanzlichen Substanzen mit positiven oder hochenergetischen Schwingungen aufgeladen sind, stoßen sie automatisch negative und schädliche Schwingungen ab.

"Meister der Energien" sind der Ansicht, daß Schutzrituale am besten bei zunehmendem Mond stattfinden sollten, und falls dabei Farben verwendet werden, so sind dies meist Rot und Weiß. Einem Bad kannst Du beispielsweise zu Schutzzwecken ein paar Körner Badesalz von den Blättern des Drachenblutbaums hinzufügen oder auch folgendes Gemisch: eine Tasse Meersalz in einem Glas, darauf ein paar Tropfen Rosmarin, Olibanum oder eine andere Essenz mit schützender Wirkung. Du vermischst alles gut miteinander und läßt es ein paar Tage an einem kühlen und dunklen Ort stehen.

Pflanzen und Kräuter mit Schutzwirkung sind unter anderem:

Basilikum	Teufelsdreck (Asa foetida)
Ziest	Erdrauch
Beifuß	Engelwurz
Alpenveilchen	Esche (Zweige und Blätter)
Dill	Rosengeranium
Estragon	Große Bibernelle

Johanniskraut	Myrrhe
Ysop	Nelkenwurz
Wachholderstrauch	Olibanum
Klee	Pfingstrosenwurzel
Königskerze	Rosmarin
Lorbeer	Farn
Löwenmaul	Fenchel
Vogelbeere	Verbena
Immergrün	Flachs
Gemeiner	Holunderbeeren und -blätter
Andorn	Frauenschuh
Mistel	Weinraute
Mekkabalsam	Meersalz

Anhand dieser Liste kannst Du selbst Weihrauchmischungen zusammenstellen. Als Weihrauch mit einer starken Schutzwirkung sind Olibanum und Myrrhe bekannt, die man beide auch ohne weitere Zutaten verbrennen kann. Eine bekannte Mischung ist (in gleichen Teilen):

Harzweihrauch
Waldziest
Drachenblutblatt

Reinigungen

Reinigen bedeutet, negative und schädliche Einflüsse zu beseitigen. Eine solche Reinigung wirst Du wahrscheinlich vollziehen, wenn im Haus eine gespannte oder unbehagliche Atmosphäre herrscht, vor allem, wenn dies mehreren Personen anzumerken ist.

Oft werden auch Reinigungen durchgeführt, wenn jemand umzieht. Durch die Reinigung versucht man zu verhindern, daß die Schwingungen der vorherigen Bewohner im Haus bleiben und darin "herumgeistern".

Ein guter Weihrauch für Reinigungen ist (in gleichen Teilen):

Lorbeer
Nelkenwurz
Beifuß
Schafgarbe
Rosmarin
Johanniskraut
Engelwurz
Basilikum
Wachholderbeere
Sägemehl

Diese Ingredienzen vermahlst Du im Mörser zu einem feinen Pulver und vermischst alles gut miteinander. Du kannst diesen Weihrauch in einem tragbaren Weihrauchfaß verbrennen und die Zimmer des Hauses nacheinander reinigen, indem Du sie kräftig damit einräucherst.

Wenn Du die Luft reinigen willst, kannst Du auch etwas Olibanum (Weihrauchharz) verbrennen.

Dies ist wahrscheinlich der kraftvollste Reinigungsweihrauch, der schon seit Jahrhunderten bei religiösen Zeremonien verbrannt wird. Er läßt sich für die verschiedensten Zwecke verwenden und ist ein Grundbestandteil vieler Weihrauchmischungen. Weihrauch aus diesem Grundstoff ist eine der Urformen des Weihrauchs überhaupt.

Um einen relativ großen Bereich zu reinigen, verbrennt man zuweilen Weihrauchharz gleichzeitig an verschiedenen Stellen in der Wohnung oder im Gebäude; im allgemeinen reicht jedoch eine einzige Räucherung. Gegenstände, die Du reinigen willst, wie Schmuck, Münzen und Amulette, kannst Du einen kurzen Augenblick lang in den Rauch halten.

Einen guten Schutzweihrauch kannst Du aus gleichen Teilen Weihrauchharz (Olibanum), Sandelholz und Rosmarin herstellen.

F. Weihrauch zum Wahrsagen

Vorhersagen der Zukunft oder Wahrsagen ist einer der wichtigsten Bereiche der Esoterik allgemein. Mittels bestimmter Hilfsmittel wird versucht, Kräfte zu aktivieren, die es ermöglichen, den Faden von der Gegenwart in die Zukunft zu spinnen und somit in die Zukunft zu schauen. Als Hilfsmittel können unter anderem Kristallkugeln, Wünschelruten, Pendel, Karten, Zweige, Münzen und Orakel dienen. Auch Weihrauch wird manchmal hinzugezogen. Bestimmten Weihrauchmischungen wird nachgesagt, daß sie eine dafür sehr förderliche Atmosphäre schaffen, während andere Weihraucharten durch ihre Schwingungen und ihren Duft direkten Einfluß auf die hellseherischen Kräfte entsprechend empfänglicher Menschen ausüben sollen. Übrigens braucht das Hellsehen sich nicht auf die Zukunft zu beschränken; es kann beispielsweise auch das Sehen räumlich entfernter Ereignisse beinhalten sowie auch ein "Zurückschauen" in die Vergangenheit, wodurch Ereignisse zu früheren Zeitpunkten in diesem oder sogar in früheren Leben offenbart werden.

Viele Kräuter und Weihraucharten, die direkt eine solche Fähigkeit ansprechen, scheinen ihre Wirkung am besten zu entfalten, wenn man sie während des Schlafs benutzt. Die Antworten sollen sich dann dem Benutzer bzw. dem Wahrsager im Traum offenbaren. Andere Weihrauchmischungen verhelfen Dir zu der rechten Geisteshaltung - sie beruhigen das Bewußtsein, so daß mediale Botschaften empfangen werden können. Gewöhnlich unterstützt man diese Art von Aktivitäten zusätzlich durch einige weitere rituelle Handlungen. Beispielsweise kann man dem Badewasser etwas Anisöl zusetzen, um die Psyche in die richtige Stimmung zu versetzen, und außerdem kann man sich etwas Muskatnußöl (kleinste Menge - am besten in einem Fetten Öl als Trägersubstanz, denn es kann sonst zu Hautreizungen kommen) auf die Stirn (Drittes Auge!) reiben. Wir wollen uns hier jedoch auf eine Auswahl von Weihrauchrezepten zu diesem Zweck beschränken.

Bei jeder Art des Wahrsagens müssen bestimmte Voraussetzungen erfüllt sein, will man optimale Resultate erzielen. Um Dir einen ersten Eindruck davon zu vermitteln, folgt eine kurze Zusammenfassung der wichtigsten Voraussetzungen und Bedingungen. Wenn Du Dich eingehender mit der Wahrsagekunst und mit dem Hellsehen beschäftigen möchtest, solltest Du Dir in einem Fachbuch- oder Esoterikladen Bücher besorgen, die sich ausschließlich mit dieser Thematik befassen.

Der Geist des Wahrsagers muß so ruhig wie ein Blatt auf einem Teich sein, dessen Wasserspiegel nicht durch die leiseste Brise bewegt wird. Alle von außen kommenden Geräusche sollten möglichst ausgeschaltet werden. Der Wahrsager darf von keinerlei Sorgen oder Problemen abgelenkt werden. Er konzentriert sich mit aller ihm verfügbaren Kraft auf die Frage, die beantwortet werden soll. Wer diese Reise nicht mit einer klaren Frage antritt, sollte seinen Geist fortwährend offenhalten für alles, was sich ins Bewußtsein drängt, und er muß darauf vorbereitet sein, alle auftauchenden Botschaften so exakt wie möglich zu registrieren und nach Ende der Sitzung zu notieren. (Oft wird nämlich die erhaltene Information anfänglich nicht verstanden, und erst im Laufe der Zeit entwickelt sich ein besseres Verständnis.)

Weihrauchharz und der offene Kamin

Olibanum kann als Hilfsmittel für die Zukunftsschau benutzt werden, zumindest heißt es so in der Überlieferung. In diesem Fall ist es nicht das Ziel, eine Antwort auf ein sehr genau umrissenes Problem oder auf eine konkrete Frage zu erhalten, sondern allgemeinere Hinweise über die zukünftige Entwicklung zu empfangen. Es handelt sich also mehr um eine Art Gesellschaftsspiel. Wer einen offenen Kamin hat, kann eine Handvoll pulverisiertes Weihrauchharz in die Flammen werfen. Dabei geht es weniger um den Duft, als um die Art des Verbrennens: verbrennt der Weihrauch in einer großen Flamme, so gilt dies als gutes Vorzeichen für künftige Vorhaben. Verbrennt er etwas langsamer und großflächiger, so ist das ein Zeichen für Herausforderungen, denen noch begegnet wird und Hindernisse, die noch überwunden werden sollen. Sehr weit auseinanderliegende Flammen von brennendem Olibanum kündigen schwierigere Zeiten an. Aber habe keine Angst vor solchen Zeichen; erinnere Dich daran, daß Schwierigkeiten und Probleme immer auch Wendepunkte und neue Entwicklungen in Deinem Leben eingeleitet haben - was in der Zukunft dann ja meistens zu positiven Entwicklungen führt. Knacken und Prasseln weisen darauf hin, daß etwas Geplantes schiefgehen kann, und wenn das Feuer völlig erlischt, sobald das Harz mit ihm in Kontakt kommt - oder kurz darauf -, so heißt das: Gefahr im Anzug, aufgepaßt.

Weihrauch zur Förderung von Hellsichtigkeit

Es folgt ein Rezept, das in Verbindung mit jedem anderen Hilfsmittel benutzt werden kann, also beispielsweise

beim Wahrsagen mit Hilfe von Karten, beim Kristallse-
hen und bei Orakeln mit Münzen oder Zweigen. Der
Weihrauch setzt sich aus folgenden Ingredienzen (zu
gleichen Teilen) zusammen:

Mastix
Patschouli
Zimt
Wachholderstrauch
Sandelholz

Vermische die pulverisierten Ingredienzen gut miteinander und befeuchte das Gemisch anschließend mit ein
paar Tropfen grauem Ambra- und Moschusöl. Syntheti-
scher Moschus eignet sich gut; wenn Du keine graue
Ambra bekommen kannst, kannst Du auch Nelke und
Muskatnuß nehmen. Rühre so lange, bis alle Teilchen
angefeuchtet sind; allerdings sollte das Gemisch nicht
breiig werden. Laß es eine Nacht lang stehen und fülle es
dann in ein lichtundurchlässiges Glas.

Weihrauch beim Kristallsehen

Es gibt ziemlich viele Menschen, die regelmäßig in eine
Kristallkugel schauen. Während man in die Kugel schaut,
kann man den oben genannten Weihrauch verbrennen,
aber oft wird auch ein spezieller Weihrauch aus Muskatnuß und Wermut (zu gleichen Teilen) verwendet.

Weihrauch zur Förderung von Visionen

Der hier beschriebene Weihrauch wird nur verwendet,
wenn keine weiteren Hilfsmittel benutzt werden - also
keine Karten, Kristallkugeln, Würfel und ähnliches. Sein

Duft hilft, Kontakt zu den unbewußten Schichten unserer Seele aufzunehmen und so das "Unbekannte" ins Bewußtsein zu heben.

3 Teile Fünffingerkraut
3 Teile Zichorienwurzel (Wegwarte)
1 Teil Gewürznelken

Ein anderes traditionelles Gemisch zur Förderung von Visionen ist dieses:

10 Teile Sägemehl
2 Teile Olibanum
3 Teile Sandelholz
1 Teil Myrrhe
2 Teile Zimt
1 Teil Iriswurzel

Daß Weihrauch bewußtseinsverändernd wirkt, sollte uns übrigens nicht wundern, da bekannt ist, daß im Rauch vieler Weihrauchmischungen der Stoff THC (Tetrahydrocannabinol) entdeckt wurde, der auch in Cannabisprodukten enthalten ist.

G. Weihrauchmischungen für diverse Zwecke

Anziehender Weihrauch (allgemein)

Man nimmt an, daß der Wohlgeruch dieser Weihraucharten den Sinnen schmeichelt und den Geist mit angenehmen Gedanken füllt:

16 Teile Sägemehl
8 Teile Olibanum
4 Teile Sandelholz
2 Teile Myrrhe
4 Teile Zimt
1 Teil Iriswurzel
1 Teil Salpeter
1 Teil blauer Farbstoff
1 Teil ätherisches Öl oder Parfüm nach Wahl

Erzwingender Weihrauch

Dieser Weihrauch wurde in früheren Zeiten oft verwendet, weil man glaubte, daß ein östlicher Potentat sich durch Verbrennen dieses süßen Weihrauchs die Menschen untertan gemacht habe. Dieser Herrscher soll den Namen desjenigen, dessen Loyalität und Dienstbarkeit er erzwingen wollte, auf Pergament geschrieben, umgekehrt unter das Weihrauchfaß gelegt und während der Räucherung siebzehnmal den Namen dieses Untertanen aufgesagt haben:

6 Teile Sägemehl
8 Teile Olibanum
4 Teile Sandelholz
2 Teile Myrrhe

4 Teile Zimt
2 Teile Iriswurzel
1 Teil ätherisches Öl nach Wahl
1 Teil Salpeter
6 Teile grüner Farbstoff

Altarweihrauch

Folgender Weihrauch diente in der Vergangenheit und dient auch heute noch häufig auf Hausaltären als Räuchermittel:

16 Teile Sägemehl
8 Teile Olibanum
4 Teile Sandelholz
2 Teile Myrrhe
4 Teile Zimt
2 Teile Iriswurzel
1 Teil Aromastoff nach Wahl
1 Teil Salpeter
1 Teil grauer Farbstoff (Holzkohle ist auch geeignet)

Weihrauch für Zeremonien

Schon seit Jahrhunderten wird dieser Weihrauch im fernen Osten bei okkulten Zeremonien und Riten und bei der Anrufung der Götter verwendet. Die geheime Zubereitungsmethode wurde von den Arabern entschlüsselt und von ihnen unter anderem als Grundlage für die bekannten östlichen Weihrauchmischungen verwendet:

24 Teile Sandelholz
24 Teile Lavendel
8 Teile Iriswurzel
4 Teile Patschouli
4 Teile Rinde der Eisenhutwurzel

16 Teile Olibanum
8 Teile Rosenblütenblätter
2 Teile Salpeter
2 Teile Parfüm nach Wahl

Weihrauch zur Förderung der Konzentration

Zur Förderung der Konzentrationsfähigkeit wird traditionell folgende Mischung empfohlen:

16 Teile Sägemehl
8 Teile Olibanum
4 Teile Sandelholz
2 Teile Myrrhe
4 Teile Zimt
2 Teile Iriswurzel
1 Teil ätherisches Orangenöl
1 Teil Salpeter
1 Teil ziegelroter Farbstoff

Weihrauch zum Stimulieren von Träumen

Siehe das Rezept für Kyphi-Weihrauch im Kapitel über die Geschichte des Weihrauchs (S.[6]).

Geld anziehender Weihrauch

In der europäischen magischen und okkulten Tradition ist folgendes Rezept überliefert, mit dessen Hilfe es möglich sein soll, Geld anzuziehen: Nimm möglichst kleine Stückchen Olibanumharz und färbe diese grün, indem Du einen grünen Farbstoff auf Wasserbasis in ein Glas gibst und die Harzstückchen darin schüttelst. Anschließend legst Du sie zum Trocknen auf ein Regal. Dann fügest Du Ringelblütenblätter hinzu, pulverisierst und vermischst alles, und verbrennst es als Weihrauch auf Holzkohle.

Aus dem Osten ist folgendes Rezept überliefert:

32 Teile Sägemehl
16 Teile Olibanum
8 Teile Sandelholz
4 Teile Myrrhe
8 Teile Zimt
4 Teile Iriswurzel
2 Teile ätherisches Öl nach Wahl
2 Teile Salpeter
2 Teile grüner Farbstoff

Bemerkenswert ist, daß sowohl die östliche als auch die westliche Tradition Geld mit der Farbe Grün assoziiert.

Glück (für eine Frau)

32 Teile Sägemehl
16 Teile Olibanum
8 Teile Sandelholz
4 Teile Myrrhe
8 Teile Zimt
4 Teile Iriswurzel
2 Teile aromatischer Stoff nach Wahl
2 Teile Salpeter

Kerzenweihrauch

Die folgende Weihrauchmischung läßt sich sehr gut mit dem Brennen von Kerzen kombinieren:

24 Teile Iriswurzel
16 Teile Sandelholz
8 Teile Olibanum

8 Teile Myrrhe
4 Teile Rinde der Eisenhutwurzel
4 Teile Patschouli
24 Teile Sägemehl
4 Teile Zimt
2 Teile aromatischer Stoff nach Wahl
2 Teile gelber Farbstoff

Weihrauch für die Weihnachtszeit

Dieser Weihrauch wird bei allen winterlichen Ritualen und Zeremonien verwendet und außerdem, um die Wohnung in der Zeit vom 1. November bis zum 21. März zu reinigen:

1 Teil Tannenholz
1 Teil Wachholderholz
1 Teil Zedernholz

Weihrauch, der innere Kräfte weckt

Viele Bewohner der östlichen Welt und viele Mystiker waren und sind der Meinung, daß sie ungeahnte innere Kräfte wecken können, indem sie ihre Hände in den Rauch des unten beschriebenen Weihrauchs halten und diese dann über ihre Augen reiben. Auf diese Weise entspannen sie sich sehr stark und vermögen dann die besagten Kräfte zu aktivieren. Das Gemisch muß aus Wurzeln von bester Qualität zubereitet werden:

32 Teile Sägemehl
16 Teile Olibanum
8 Teile Sandelholz
4 Teile Myrrhe
8 Teile Zimt
4 Teile Iriswurzel

2 Teile Salpeter
2 Teile Duftöl nach Wahl
2 Teile grüner Farbstoff

Weihrauch zum Einräuchern der Kleider

Dieser Weihrauch wird verbrannt, während man sich ankleidet, um Körper, Geist und Kleidung mit positiven Gerüchen und Vibrationen aufzuladen. Man kann diesen Weihrauch auch vor Kleiderschränken verbrennen, um die darin verstaute Kleidung vor muffigen Gerüchen zu bewahren:

16 Teile Sägemehl
8 Teile Olibanum
4 Teile Sandelholz
2 Teile Myrrhe
4 Teile Zimt
2 Teile Iriswurzel
1 Teil gelber Farbstoff
1 Teil Jasminaroma

Mondmagie-Weihrauch

Ein Weihrauch aus der uralten Tradition der Mondmagie. Mische:

1 Teil Olibanum
1 Teile weißes Sandelholz
1/4 Teil Wurzel der Florentinischen Schwertlilie

Salbe das Ganze mit ein paar Tropfen Lotus- oder Orangenöl. Der Weihrauch wird bei Vollmond verbrannt, damit demjenigen, der ihn verbrennt, alle Segnungen der Mondgöttin zuteil werden; außerdem wird er auch bei allen Mondritualen verbrannt.

Magnetisierter Weihrauch

Magnetisierter Weihrauch wird nach einer alten östlichen Formel zubereitet. Viele Okkultisten verbrennen dieses Gemisch, wenn sie sich leer und deprimiert fühlen. Das Weihrauchgefäß wird eine Zeitlang über einen Magneten gehalten, damit es sich mit energetischen Kräften auflädt. In dem Augenblick, in dem der Weihrauch verbrannt wird, sollen sich starke energetische Kräfte auf denjenigen, der ihn verbrennt, übertragen, und diese wiederum sollen gute Schwingungen anziehen. Infolgedessen sei der Benutzer der Bewunderung anderer sicher. Er soll danach über so starke magnetische Kräfte verfügen, daß er in der Lage ist, diese Kraft auch an andere weiterzugeben:

32 Teile Sägemehl
16 Teile Olibanum
8 Teile Sandelholz
4 Teile Myrrhe
8 Teile Zimt
4 Teile Iriswurzel
2 Teile Salpeter
2 Teile ziegelroter Farbstoff
2 Teile eines ätherischen Öls nach Wahl

Meditationsweihrauch

Eines der besten Rezepte zur Beruhigung und Entspannung des Geistes und deshalb zur Erzeugung einer geeigneten Atmosphäre für die Meditation, ist das folgende:

1 Teil Sandelholz
1 Teil Lorbeerblätter
1 Teil Damiana

Verbrenne diesen Weihrauch in kleinen Mengen, und lasse, kurz bevor Du mit Deiner Meditation beginnst, etwas davon auf glühender Holzkohle schwelen.

Weihrauch zur Verstärkung der Kreativität

Dies ist ein Weihrauch, der in klassischen Zeiten von Abenteurern, künstlerisch veranlagten Menschen und ähnlichen verbrannt wurde, um die Wißbegierde zu stärken und die Lust nach dem Außergewöhnlichen zu wekken. Ein Weihrauch für unkonventionelle Menschen also:

1 Teil Zypresse
2 Teile Sandelholz
2 Teile Verbena

Opferweihrauch

Der folgende Weihrauch wird oft als ein eigenständiges Opfer verbrannt, kann aber auch für allgemeine Zwecke mit anderen rituellen Elementen kombiniert werden. Es handelt sich hier eigentlich um einen Weihrauch, den man verwenden kann, wenn kein anderer Weihrauch für einen bestimmten Zweck geeignet erscheint:

1 Teil Rosenblütenblätter
1 Teil Verbena
1 Teil Zimt
1 Teil Myrrhe
1 Teil Olibanum

Östlicher "Meister"-Weihrauch

Das Aroma dieses qualitativ hervorragenden Weihrauchs ist ziemlich durchdringend, und er wird vor allem von

Kristallsehern, Studenten auf dem Gebiet der okkulten Wissenschaften, Medien, Spiritisten und Wahrsagern verwendet. Es ist ein Weihrauch, der hohe spirituelle Kräfte weckt. Manche glauben, er rufe Visionen von spirituellen Führern und Freunden in strahlend blauen Farben hervor. Andere verwenden ihn hauptsächlich, um die Entwicklung ihrer Seele zu fördern:

16 Teile Sandelholz
16 Teile Olibanum
16 Teile Myrrhe
8 Teile Rinde der Eisenhutwurzel
4 Teile Patschouli
8 Teile Iriswurzel
16 Teile Sägemehl
2 Teile Salpeter
4 Teile blauer Farbstoff
2 Teile ätherisches Rosenöl

Östlicher Weihrauch

Ein Weihrauch, der seit unvordenklichen Zeiten im Osten vor allem deshalb verwendet wurde, weil er einen Trancezustand erzeugt und die für das Hellsehen erforderlichen Kräfte verstärkt. Im allgemeinen wird er verwendet, wenn hohe spirituelle Kräfte erforderlich sind. Die Düfte sollen Assoziationen mit der trägen, sinnlichen, träumerischen und nach innen gekehrten Atmosphäre östlicher Kulturen erwecken.

Einige Okkultisten sind der Meinung, daß dieser Weihrauch den physischen Körper und den Astralkörper voneinander trennt, so daß man mit dem Astralkörper andere Planeten besuchen kann. Die Bibel erwähnt diesen Weihrauch im Zusammenhang mit der Zeit vor Moses. Von alten Münzen und Steintafeln wissen wir, daß die

Priester der Assyrischen Könige diesen Weihrauch schon seit uralten Zeiten verwendeten und daß auch die frühen Ägypter, die zoroastrischen Magier und die Babylonier ihn kannten. Die Anhänger Zoroasters verbrannten ihn fünfmal am Tag auf ihren heiligen Feuern, und die Ägypter opferten ihn ihrem Sonnengott Re (Ra):

16 Teile Schale der Eisenhutwurzel
16 Teile Sandelholz
8 Teile Iriswurzel
8 Teile Patschouli
8 Teile Myrrhe
16 Teile Olibanum
3 Teile roter Farbstoff
2 Teile brauner Farbstoff
2 Teile Salpeter
2 Teile Lotus-Duft

Pan-Weihrauch

Dem griechischem Gott Pan ist ein besonderer Weihrauch gewidmet, der manchmal auch als Weihrauch der "Lust und Verführung" bezeichnet wird. Die Priester der offiziellen christlichen Kirchen haben diesen Weihrauch sicherlich als "Teufelswerk" verurteilt. Charakteristische Attribute für ihn sind irdisch, verführerisch und primitiv:

2 Teile Patschouli-Extrakt
4 Teile Benzoe
2 Teile Myrrhe
2 Teile Moschus
1 Teil Olivenöl
1 Teil Alraune

Weihrauch zur Förderung des Lernvermögens

Dieses Weihrauchgemisch wird oft beim Studieren verbrannt, da die Düfte und Schwingungen die geistige Kraft erhöhen, die Konzentration fördern und die Gedächtnisleistung stimulieren. Es werden immer nur kleine Mengen davon verbrannt:

1 Teil Zimt
1 Teil Rosmarin
1 Teil Muskatblüte

Tempelweihrauch

Dieses Rezept ergibt einen durchdringend duftenden östlichen Tempelweihrauch, dem mystische Kräfte eigen sind:

16 Teile Sandelholz
8 Teile Iriswurzel
4 Teile Patschouli
4 Teile Rinde der Eisenhutwurzel
4 Teile Myrrhe
8 Teile Sägemehl
8 Teile Zimt
2 Teile brauner Farbstoff
2 Teile roter Farbstoff
1 Teil ätherisches Rosenöl

Vehuel-Weihrauch

Vehuel..., "der herrscht über die Großen dieser Erde und insbesondere über diejenigen, die sich durch ihre Talente und Tugenden auszeichnen":

5 Teile Olibanum
3 Teile Storax
1 Teil graue Ambra
1 Teil Iriswurzel
1 Teil Heliotrop (Sonnenwende)

Vier-Jahreszeiten-Weihrauch

Dieser Weihrauch ist für allgemeine Zwecke bestimmt und kann das ganze Jahr Verwendung finden:

2 Teile Olibanum
1 Teil Myrrhe

Teile die Gesamtmenge in vier gleichgroße Mengen auf und schütte jeden Teil in ein separates Glas mit Wasser, in dem Du jeweils roten, grünen, blauen und gelben Farbstoff aufgelöst hast. Lasse die vier verschiedenfarbigen Portionen anschließend auf einem Tuch abtropfen und trocknen. Dann füge dann jeder Sorte hinzu:

3 Teile zermahlenes Sandelholz
3 Teile feingehackte Zimtstangen
1 Teil zermahlenen Eukalyptus
1 Teil Drachenblutblatt

Das Rezept kann man an jedem beliebigen Tag und in jeder Nacht zubereiten, außer an den Tagen, die Saturn in der Zeit des abnehmenden Mondes geweiht sind. Der Weihrauch wird auf Holzkohle verbrannt.

Glücksweihrauch I

Es gibt zwei Rezepte für Glücksweihrauch. Ersteres soll das Glück im allgemeinen bis in die ferne Zukunft fördern:

1 Teil Gewürznelke
1 Teil Muskatnuß
1 Teil Zitronenmelisse
1 Teil Schlafmohnsamen
1 Teil Zedernholz

Feuchte diese Mischung mit ein paar Tropfen Mandelöl an. Der Weihrauch wird vorzugsweise an einem Donnerstag bei zunehmendem Mond zubereitet, und er läßt sich sehr gut mit dem rituellen Brennen von Kerzen zum gleichen Zweck kombinieren.

Glücksweihrauch II

Dieser Weihrauch zielt im Unterschied zum vorangegangenen Rezept darauf, Glück anzuziehen, das sich innerhalb eines kürzeren Zeitraums einstellen soll:

3 Teile Dammar
2 Teile Olibanum
2 Teile Gummiarabikum
2 Teile Sandelholz

Das Rezept ergibt eine nahezu perfekte Kombination aus einer Anzahl der wichtigsten Harze und Gummiarten. Um die Bäume, die diese Stoffe liefern, haben die Menschen viele Legenden gesponnen, und wegen der einträglichen Ernte der Harze und des Gummis hat man sogar um sie gekämpft. So stark, wie diese Bäume verwurzelt sind, so sicher soll Dir Glück aus Deiner eigenen Vergangenheit erwachsen.

Weihrauch für eine schnelle Auffassungsgabe

Dieser Weihrauch beschleunigt das Denken, wenn er bei zunehmendem Mond an einem Tag verbrannt wird, der - natürlich - Merkur geweiht ist. Vermische folgende Ingredienzen gut miteinander:

1/2 Teil Holzziest
4 Teile Sandelholz
2 Teile Olibanum
2 Teile pulverisierte Muskatnuß
2 Teile pulverisierte Iriswurzel
1/4 Teil Salpeter
1 Teil Bärentraube

Man kann das Gemisch abwechselnd mit Studierweihrauch verwenden. Außerdem kann es während Konferenzen und ähnlichen Veranstaltungen ausgezeichnete Dienste leisten.

Weihrauch für magische Zirkel

Dieses Gemisch wurde und wird für jede Art von ritueller Arbeit verwendet und hat sich als sehr hilfreich zum Wecken bestimmter Kräfte erwiesen. Die Zusammensetzung ist:

2 Teile Olibanum
1 Teil Myrrhe
1 Teile Benzoe
1 Teil Zimt
2 Teile Rosenblütenblätter
1 Teil Sandelholz
1 Teil Verbena
1 Teil Rosmarin
1 Teil Lorbeer

Alle aufgeführten Bestandteile müssen sehr fein pulverisiert und gründlich vermischt werden. Es ist fast unmöglich, Lorbeerblätter völlig zu pulverisieren. Selbst die modernsten Maschinen schaffen dies nicht hundertprozentig. Füge die Lorbeerblätter deshalb einfach hinzu und mache Dir keine Sorgen über die Bröckchen, die übrig bleiben, wenn der Rest schon pulverisiert ist. Auch bei den Blütenblättern der Rose sowie bei Olibanum ist es manchmal schwer, sie wirklich fein zu pulverisieren - das Gummiharz bleibt manchmal am Stößel kleben. Du mußt Dich einfach damit abfinden.

Wintersonnenwend-Weihrauch

Verbrenne anläßlich der Wintersonnenwende folgende Weihrauchmischung:

2 Teile Myrrhe
2 Teile Storax
2 Teile Efeu
2 Teile Kiefernrinde
1 Teil Salomonsiegel
1 Teil Moschus
1 Teil Kirchenweihrauch (gängige Mischung)

Racheweihrauch

Dieser Weihrauch entstammt der Tradition der Schwarzen Magie. Wir möchten ihn hier aber trotzdem erwähnen, da er auf Ihre Rachegefühle sehr besänftigend wirken kann:

2 Teile Myrrhe
1 Teil Schwefel
2 Teile Zypressenmark

2 Teile rotes Sandelholz
1 Teil Palmöl

Sommersonnenwend-Weihrauch

Dieser Weihrauch wird zum Zeitpunkt der Sommersonnenwende verbrannt:

1 Teil Fenchel
1 Teil Weinraute
2 Teile Zimt
1 Teil Rosenblütenblätter
6 Teile rotes Sandelholz
2 Teile Geranium
1 Teil Kirchenweihrauch
2 Teile Zedernholz

Heidnischer römischer Altar mit zwei brennenden Weihrauchfässern

Räucherung während des Opfergottesdienstes
(aus einem Manuskript des 11. Jahrhunderts)

5.
Weihrauch, Astrologie, Wochentage und Farben

Pflanzen, Tierkreiszeichen, Horoskophäuser, Wochentage und Farben werden schon seit Jahrhunderten mit speziellen Weihrauchmischungen und speziellen pflanzlichen Räucherstoffen in Beziehung gesetzt. In Esoterik, Magie und Okkultismus gilt als oberstes Gesetz, daß das angestrebte Ergebnis um so besser wird, je mehr Energie man auf ein bestimmtes Ziel zu konzentrieren versteht. Da wir bereits in unserem Buch über Kerzen (ebenfalls Windpferd Verlag) ausführlich auf dieses Gesetz eingegangen sind, möchte ich interessierten Lesern empfehlen, nähere Einzelheiten dort nachzulesen.

Den unterschiedlichsten Dingen sind spezifische Kräfte eigen, die man nutzen kann. Dies gilt beispielsweise für Farben, Wochentage, astrologische Planeten, Zeichen und Häuser sowie für bestimmte Töne und Pflanzen. In diesem Kapitel werden einige "Entsprechungen" behandelt, die Dir helfen können, die richtigen Weihrauchingredienzen für einen bestimmten Zweck auszuwählen.

Astrologie: Planeten, Zeichen und Häuser

Es gibt einen Weihrauch, der sozusagen alle Planeten einbezieht. Dieser besteht aus:

1 Teil Olibanum - Sonne
1 Teil Florentinische Schwertlilienwurzel - Mond
1 Teil Lavendel - Merkur
1 Teil Rosenblütenblätter - Venus
1 Teil Drachenblutblatt - Mars
1 Teil Fünffingerkraut - Jupiter
1 Teil Salomonsiegel - Saturn

Die Berührungspunkte zwischen Astrologie und Weihrauchmischungen sind so mannigfaltig, daß wir diesem
Thema im vorliegenden Buch auch nicht annähernd
gerecht werden können, obgleich ihm ein ganzes Kapitel
gewidmet ist.

Vom klassischen Altertum bis ins 18. Jahrhundert
kannte die Astrologie sieben Planeten - Merkur, Venus,
Mars, Jupiter und Saturn und die beiden "Himmelslich-
ter", die eigentlich keine Planeten sind: Sonne und Mond.
Die meisten Weihrauchrezepte und nahezu alle magischen Rituale wurzeln in einer Tradition, die wesentlich
weiter als bis ins 18. Jahrhundert zurückgeht. Deshalb
ist es kaum verwunderlich, daß die drei später entdeck-
ten Planeten, die in der modernen Astrologie so wichtig
sind - Uranus, Neptun und Pluto - in der Magie nur eine
Nebenrolle spielen. Auch wir werden uns hier weitgehend auf jene sieben "klassischen" Planeten beschränken.

Die sieben Planeten herrschen jeweils über bestimmte Bereiche des menschlichen Lebens. Wenn man nun in
einem bestimmten Lebensbereich etwas erreichen will -
etwas abschwächen oder fördern -, so wählt man am
besten einen Weihrauch, der den Planeten repräsentiert,
welcher über den entsprechenden Lebensbereich herrscht.
Es gibt komplette Weihrauchmischungen, die einem
bestimmten Planeten zugerechnet werden, doch jeder

Planet herrscht außerdem über bestimmte pflanzliche Stoffe, aus denen man nach eigenem Belieben Weihrauchmischungen zusammenstellen kann. Dazu mußt Du wissen,

(1) welcher Planet über welchen Lebensbereich (Häuser) herrscht und

(2) welcher Weihrauch bzw. welche pflanzlichen Weihrauch-Ingredienzen welchem Planeten zugeordnet werden.

1. Die Wirkungsbereiche der einzelnen Planeten

Im folgenden wird zuerst jeweils der Planet genannt und anschließend der Lebensbereich, über den der betreffende Planet herrscht.

Die Sonne

Alle männlichen Angelegenheiten (zusammen mit Mars); Ehrgeiz, Laufbahn, Ehre, das Herz, die Brust und das Rückgrat; Vermögen, Berühmtheit, Glück, Gold; hoher Rang und Stand, Königtum (zusammen mit Jupiter), der Herrscher, der Vater oder das Oberhaupt einer Gruppe oder einer Organisation; der menschliche Körper als Ganzes, Gesundheit und Genesung; Kinder; Spekulation, Risiko; Diamanten; Geliebte; Entertainer, Amusement, Theater und Bühne, Filmschauspieler, Vergnügungsstätten; Autorität, der Despot und der Tyrann; Stolz und der ihm folgende Fall; Arroganz und der Buchstabe des Gesetzes.

Der Mond

Alle weiblichen Angelegenheiten; Zeugung und Fruchtbarkeit; Entwicklung medialer Fähigkeiten, Sensitivität, Probleme in bezug auf die Öffentlichkeit und auf
Massen; Veränderung, Rhythmen; Unentschlossenheit;
Familie, Häuslichkeit und das Häusliche; die Mutter,
Mutterschaft, Babys und Kinder, versorgen, pflegen; das
Reifen von Samen, Ernährung, Nahrung, der Magen; die
Brüste; Emotionen und Schwachheit; die Gezeiten, Wasser, das Meer, Schiffe und Schiffsbesatzungen; das "Heim";
alles, was umschließt und beschützt; verlorene Gegenstände; Kerzen.

Merkur

Intellekt, der Geist, der Verstand, vor allem der gesunde
Menschenverstand; Geschicklichkeit; Schreiben, Manu-
skripte, Sprachen, alle Schreibinstrumente: Stifte,
Schreibmaschinen usw.; mentale Prozesse und Wahr-
nehmungen; Kommunikation (mental und physisch), Post
und Postbote, Korrespondenz, Zeitungen und Zeitschrif-
ten, Telekommunikation, Telegramme, Telefon usw.;
Gerüchte, Berichte, Reporter; das Erlernen von Fertig-
keiten und die Aneignung von Wissen, Schulen und
Erziehung; Redekunst, Bücher, Dokumente, Zertifikate;
alles, was geschrieben oder gedruckt ist; Brüder und
Schwestern, Verwandte, direkte Umgebung und Nach-
barn in der direkten Umgebung, Besuch und Besucher;
Nervensystem und Nerven; Diebstahl und Diebe; At-
mung, Lungen und Lungenkrankheiten; Jugend im allgemeinen; Neuigkeiten, Informationen, Botschaften und
Boten, Lehrer, Klatsch; Mieter, Kaufleute; Krankheiten
und Verzweiflung.

Venus

Liebe, Ehe, Beziehungen; Schönheit, Kunst, Künstler, künstlerische Veranlagung, Musik; gesellschaftliche Ereignisse, Umgänglichkeit; Romanzen und Umwerben, Hochzeitsfeste; Eleganz, Harmonie, Freude, Lust, Friede und Friedfertigkeit; Unausgeglichenheit; Geld (zusammen mit Jupiter), Investoren und Investitionen, bewegliche Güter, Verträge, Vereinbarungen; Nichten und Neffen; die Nieren und alle Nierenleiden.

Mars

Mut, Courage; Abweichung von der Norm; Schutz gegen körperliche und geistige Gefahr; Maschinen, Instrumente zum Schneiden; Abenteuer, Energie; Autos, Verbrennungsmotoren; Krieg und Waffen (außer Gas- und Nuklearwaffen), Kämpfe, Kriegsschauplätze und Schlachtfelder (darunter "häusliche"); Operationen, Chirurgen, Blut, Blutvergießen, Schmerz, Fieber; Führerschaft, Ehrgeiz; die Kraft, Hindernisse zu überwinden; Unternehmungsgeist; schneidende Worte, Unfälle, insbesondere Brände und solche, die mit Schneiden in Zusammenhang stehen; "Newcomers", Ankünfte; Eigennutz, Starrsinn, Entschlossenheit; Gewalt, unbeherrschte Ausbrüche.

Jupiter

Finanzen, Banken, Bankiers; Prestige und Ansehen; Wetten und jede Art von Glücksspielen, der Glücksspieler, Pferde, Pferderennen; Glück im allgemeinen; Religionen und Philosophien; Anwälte und Juristen, das Gesetz, Legalität und Illegalität, gerichtliche Vorladungen; die Kirche und ihre Würdenträger; Universitäten und weiterführende Schulen; Gewinn und Expansion; Erstaunen; Aktien und andere Wertpapiere, Reichtum; der königliche Hof; Weisheit; Verlage; Fremde und Bundesgenossen, Entdeckungsreisende; Versicherung; Kleinkinder; Träume; Auslandsbeziehungen; Zeremonien, Rituale und Paraden; Leber und Blut und alle damit zusammenhängenden Störungen.

Saturn

Häuser, Eigentum und Immobilien; alte Menschen und Dinge, die sehr alt sind; Karma; Ausgrabungen, Bergwerke; Tod; Zeit, Uhren, Armbanduhren, Pünktlichkeit; Geduld, Entschlossenheit, Erschöpfung, Stabilität, Weisheit des Alters; Selbstdisziplin; Schulden, die Verbindlichkeiten schaffen; Zahlungspflichten, Vereinbarungen, Versprechen, Verantwortungen; Depression, Einsamkeit; Ökonomie, Sparsamkeit; das Methodische; Vergangenheit; Traurigkeit, Trübsal, Melancholie; alles, was beeinträchtigt oder behindert; Zynismen, Sarkasmen; Karriere, Stellung in der Welt außerhalb des eigenen Heims, Berühmtheit, Reputation (Ruf); Schicksal; Arbeitgeber und Arbeitnehmer; die Regierung; Rheuma.

Uranus

Magische Kräfte; plötzliche Veränderung; Neues, Modernes, Erfindungen; Freiheit, Paradoxe; Raumfahrt- und-Nukleartechnologie; Chaos und Krisen, Scheidung; Wissenschaft; Nonkonformismus, Rebellion, Unberechenbarkeit; Aufklärung; Fanatismus, Meuterei, Anarchie, Streiks; Erwartungen und Wünsche; humanitäre Angelegenheiten, Freunde, Klubmitglieder, Brüderlichkeit, Vereinigungen; Töchter und Schwiegersöhne; Fehlgeburten, Todesfälle in der Familie.

Neptun

Hellsichtigkeit; Menschen und Angelegenheiten, die das Meer betreffen; das Medium; die Astralwelt, die Kristallkugel, Mystik und Sensitivität, das Mysteriöse, das Unbekannte und Unerklärliche; Propheten und Prophezeiungen, psychische Trance; das Vage, Ungreifbare und Traumhafte; Inspiration, Idealismus; Süchtige und Sucht, Künstliches und Synthetisches, vor allem, wenn es etwas anderes zu sein scheint, als es tatsächlich ist; Illusionen; Imitationen; jemand, der aus dem Hinterhalt angreift; illegale Zusammenkünfte, Geschäfte und Tätigkeiten; Geheimnisse, Sonderlinge und Eremiten, Informanten; aufopfern; verbannen, Gefangennahme, Krankenhäuser, Asyle und Gefängnisse; Bestechung und Korruption; verborgene Sorgen und Kümmernisse, Wohltätigkeit, der die Anerkennung versagt bleibt; Selbstmord.

Pluto

Die Unterwelt (sowohl die der Toten als auch die kriminelle Unterwelt), das Leben nach dem Tode; Verborgenes, das entweder tief im Unbewußten oder in der Erde (Öl, Gas, Steine oder Minerale) vergraben liegt; subversive Menschen und Feinde; Wiedergeburt, Erholung, Transmutation, der Tod und die Toten, Erleuchtung, Metamorphose, Zerstörung des Alten, um Neues zu ermöglichen (auf langsame Weise, nicht so gewaltsam und impulsiv wie bei Uranus), Evolution und Revolution; Fanatismus und Fanatiker; Menschen, die einen Beruf im Bereich des Bestattungswesens haben; Schulden und Gläubiger, Steuern und Finanzbeamte; Erbschaften, Testamente und Vermächtnisse; Verluste und Konkurse; Nachforschungen bezüglich des Lebens nach dem Tode.

Planeten, Pflanzen und Weihrauch

Zunächst folgt eine Liste, aus der ersichtlich ist, welche pflanzlichen Stoffe traditionell den verschiedenen Planeten zugeordnet werden. Anschließend werden einige spezielle Weihrauchrezepte für jeden der Planeten angegeben. Anhand der folgenden Liste kannst Du aber auch selbst Weihrauchmischungen für bestimmte Planeten zusammenstellen und in Verbindung mit ihren Kentnissen über die Wirkungsbereiche der einzelnen Planeten diese für spezielle Zwecke einsetzen:

Sonne	Acacia (Gummiarabikum), graue Ambra, Cassia-Zimt, Florentinische Schwertlilie, Lorbeer, Augentrost, Safran
Mond	Nieswurz, Olibanum, Rosmarin, Sandelholz (weiß), Ylang- Ylang, Weide
Merkur	Anissamen, Zitrone, Tragant-Gummi, Muskatblüte, Majoran, Johanniskraut, Storax, Fenchel
Venus	Mandel, Moschus, Muskatnuß, Pfefferminze, Sandelholz (rot)
Mars	Ingwer, Patschouli
Jupiter	Eiche, Galbanum, Kopal, Lavendel, Safran
Saturn	Odermennig, Zibet, Teufelsdreck (Asa foetida), Baldrian

Die Sonne

In einer Nacht, die unter dem Einfluß der Sonne steht, mischst Du:

1/2 Teil pulverförmigen Weihrauch von gelber Farbe
1/2 Teil Sandelholz
1/2 Teil Patschouli
5 Teile gemahlene (getrocknete) Hagebutte

1/2 Teil Olibanum
1/4 Teil gemahlene getrocknete Petersilie
1 Teil pulverisiertes Blatt der Ringelblume
1 Teil Extrakt der Lorbeere

Vermische diese Bestandteile so gut wie möglich miteinander. Dieser Weihrauch kann bei Sonnenritualen oder zur Anrufung von Sonnenkräften verwendet werden.

Obenstehender Weihrauch ist der älteste unter den bekannten europäischen Sonnenweihrauchmischungen. Aus dem Mittleren Osten ist folgendes Rezept für Sonnenweihrauch überliefert:

2 Teile Gummiarabikum
3 Teile Olibanum
1 Teil Cassia-Zimt
2 Teile Iriswurzel
2 Teile Safran

Auch ein Sonnenweihrauch aus Ägypten ist uns überliefert worden:

3 Teile Orangenschalen
2 Teile Heiotrop
3 Teile Sonnenblume
1 Teil Lorbeer
2 Teile Zimt
2 Teile Akaziablüten
1 Teil graues Ambra-Öl
6 Teile Olibanum

Der Mond

Bei allen Mondritualen kann man einen Weihrauch verwenden, der aus einem Teil weißem Sandelholzpulver, vermischt mit einem halben Teil Ingwerwurzelpulver und einem halben Teil gemahlenen Lavendelblüten besteht. Dieser Weihrauch wird in einer dem Mond geweihten Nacht auf Holzkohle verbrannt.

Ein zweiter Mondweihrauch, möglicherweise ägyptischen Ursprungs, wird folgendermaßen zubereitet:

Ein Teil gemahlenes und pulverisiertes Sandelholz wird mit einem halben Teil pulverisiertem Jasmin und einem Fünftelteil pulverisierter Myrrhe vermischt. Dieser Weihrauch wird, ebenfalls auf Holzkohle, zu Ehren des Mondes verbrannt.

Europäischen Ursprungs ist folgende Mischung:

2 Teile Jasmin
2 Teile Kampfer
1 Teil Gurkensamen
1 Teil Butterblumen
1 Teil Ylang-Ylang-Öl
2 Teile Geißblatt
7 Teile Zedernholz (Brennbarkeit)

Merkur

Ein traditioneller Weihrauch für Merkur besteht aus:

6 Teile Dammarharz
4 Teile weißes Sandelholz
2 Teile Verbena
1 Teil Gewürznelke
2 Teile Kamille

Aus einer sehr alten Quelle stammt das folgende, heute nur noch selten verwendete Rezept:

Vermische einen Teil pulverförmigen gelben Farbstoff mit einem halben Teil gemahlenem Geißblatt, einem Viertelteil pulverisierter Gewürznelke und einem Viertelteil pulverisierter Muskatnuß. Verbrenne diesen Weihrauch an einem Tag, der Merkur geweiht ist und an dem der Mond in einem Erdzeichen steht und zunehmend ist.

Eine Alternative ist:

3 Teile Zimt
2 Teile Storax
2 Teile Lavendelblüten
1 Teil Majoran
1 Teil Zitronenblüten
1 Teil Zitronenschale

Venus

In einer Nacht, die unter dem Einfluß von Venus steht, mischst Du gleiche Teile Siam-Benzoe und zermahlene Rosenblütenblätter, wozu Du noch eine Prise Muskatnuß gibst. Verbrenne diese Mischung in einer Nacht, die unter der Herrschaft von Venus steht und in der der Mond in einem Erdzeichen zunimmt (Wachstum und Entfaltung), auf Holzkohle.
Alternative:

4 Teile Benzoe
3 Teile Elemi
2 Teile rotes Sandelholz
1 Teil Muskatnuß
1 Teil Damiana
3 Teile Rosenblütenblätter

Mars

Mars-Weihrauch kann man mit beliebigen würzigen Stoffen anreichern; am besten stellst Du ihn an dem Tag her, der Mars geweiht ist (also an einem Donnerstag):

2 Teile Drachenblut-Blütenpulver
2 Teile Körner des Schwarzen Pfeffers
3 Teile Wermut
2 Teile Eiche
4 Teile Sandelholz

Eine Alternative östlichen Ursprungs:

2 Teile Weinraute
1 Teil Opopanax
3 Teile Siam-Benzoe
1 Teil Chilli
1 Teil Geranium
4 Teile Zedernholz

Jupiter

Jupiter ist der folgende Weihrauch gewidmet:

2 Teile Kopal
2 Teile Zedernholz
1 Teil Ysop
3 Teile Iriswurzel

Oder: Weihrauchharz zu einem sehr feinen Pulver vermahlen, anschließend mit gleichen Teilen Safranblüten vermischen und an einem Jupiter geweihten Tag oder bei zunehmendem Mond auf Holzkohle verbrennen.

Saturn

3 Teile Myrrhe
2 Teile Storax
1 Teil Weinraute
2 Teile Zypresse
1 Teil Verbena
2 Teile Moschus

Nicht nur die folgenden Kombinationen aus Pflanzen und Weihrauchbestandteilen werden den betreffenden Planeten zugeordnet, sondern auch die einzelnen aufgeführten pflanzlichen Stoffe. Treffe selbst Deine Wahl.

Weihrauch für Talismane

Von Theophrastus Paracelsus (1493-1541) stammt eine Liste von Weihrauchmischungen zur Weihung bestimmter Talismane. An dem Tag, der einem bestimmten Planeten geweiht ist, soll man den Talisman in den Rauch des entsprechenden Weihrauchs halten.

Solis Dies *(Sonnentalisman, Sonntag)*

4 Teile rotes Sandelholz, 4 Teile Olibanum und außerdem gleiche Teile Zimt, Safran, Lorbeer und getrocknete Heliotropstengel.

Lunae Dies *(Mondtalisman, Montag)*

4 Teile weißes Sandelholz, 2 Teile pulverisierte Gurkensamen, 2 Teile Kampfer, 1 Teil Aloe, 2 Teile der getrockneten Stengel des Beifuß

Martis Dies *(Marstalisman, Dienstag)*

2 Teile getrockneter Wermut, 2 Teile Körner des SchwarzenPfeffers, 1 Teil Drachenblut, 1 Teil Weinraute, 4 Teile Zypressenrinde.

Mercurii Dies *(Merkurtalisman, Mittwoch)*

4 Teile Benzoe, 3 Teile Storax, 2 Teile Blüten der Zitrone, 1 Teil Narzisse und 1 Teil Majoran.

Jovis Dies *(Jupitertalisman, Donnerstag)*

4 Teile Olibanum, 2 Teile graue Ambra, 3 Teile Iriswurzel und Safran zusammen mit Samen der Feige, der Eiche und des Granatapfels verbrennen.

Veneris Dies *(Venustalisman, Freitag)*

3 Teile Moschus, 3 Teile Rose, 3 Teile Veilchen, 9 Teile rotes Sandelholz und 4 Teile Olivenholz.

Saturni Dies *(Saturntalisman, Samstag)*

3 Teile Zypresse, 2 Teile Schwefel, 4 Teile Alaun, 4 Teile Sandelholz.

3. Weihrauch, Tierkreiszeichen und astrologische Häuser

Man kann auch eine noch differenziertere Beziehung zwischen Astrologie und Weihrauch herstellen. Wer die Zuordnung der astrologischen Häuser zu den Tierkreiszeichen sowie die Wirkungsbereiche der Horoskophäuser kennt, kann Weihrauchmischungen ganz genau auf das gewünschte Ziel abstimmen. Auf diese Weise kann man nämlich die den jeweiligen Planeten zugeordneten Pflanzen auf dem Umweg über die Häuser mit den Weihrauchingredienzen kombinieren, die den einzelnen Tierkreiszeichen zugeordnet werden.

Widder	Besenginster, Myrrhe, Aloe oder eine Kombination aus Myrrhe, Zypresse und Nieswurz
Stier	Salbei, Pfeffer, Safran oder eine Kombination aus Sandelholz, Pfeffer, Bergamotte
Zwillinge	Mädesüß, Mastix oder Zimt, oder eine Kombination aus Mutterharz (Galbanum), Muskatblüte und Mastix
Krebs	Ysop, Kampfer oder Myrte, oder eine Kombination aus Rotem Storax, Wermut und Kampfer
Löwe	Augentrost, Weihrauchharz oder Mastix, oder eine Kombination aus Myrrhe, Wacholderbeere und Weihrauchharz
Jungfrau	Baldrian, Sandelholz oder Zimt, oder eine Kombination aus Pfeffer, Gewürznelken und Benzoe

Waage	Wilder Thymian, Mutterharz (Galbanum) oder Safran, oder eine Kombination aus Mastix, Galbanum und Aloe
Skorpion	Wermut oder Aloe, oder eine Kombination aus Kampfer, Aloe und Wermut
Schütze	Hauswurz, Aloe oder Muskatnuß, oder eine Kombination aus Myrrhe, Gewürznelken und Aloe
Steinbock	Beinwell, Pfeffer oder Bezoe oder eine Kombination aus Sandelholz, Veilchenwurzel und Bezoe
Wassermann	Narde oder Pfeffer oder eine Kombination aus Mastix, Alraune und Narde
Fische	Waldziest, roter Storax oder Muskatnuß, oder eine Kombination aus Kampfer, rotem Storax und Wermut

Sternzeichen	Pflanze
Widder	Besenginster
Stier	Salbei
Zwillinge	Mädesüß
Krebs	Ysop
Löwe	Augentrost
Jungfrau	Baldrian
Waage	Wilder Thymian
Skorpion	Wermut
Schütze	Hauswurz
Steinbock	Beinwell
Wassermann	Pfeffer
Fisch	Waldziest

Zwei Beispiele: Nehmen wir an, jemand will durch ein Ritual den glücklichen Verlauf einer bevorstehenden Reise beschwören. Merkur regiert über das Reisen, und das Tierkreiszeichen Zwillinge regiert über das dritte Haus, was wichtig ist, da das dritte Haus das Haus kurzer Ferienreisen und anderer kurzer Reisen ist. Für den Weihrauch kombiniert man nun Bestandteile, die unter das Sternzeichen Zwillinge und unter Merkur fallen, beispielsweise Mastix und Anissamen. Weite Reisen stehen unter dem Einfluß des neunten Hauses und Jupiters. Deshalb kombiniert man in solch einem Fall Ingredienzen, die dem Sternzeichen Schütze und dem Planeten Jupiter zugeordnet werden, beispielsweise Muskatnuß und Lavendel.

Ein anderes Beispiel: Um den Erfolg eines geplanten Vorhabens zu fördern, wählt man pflanzliche Stoffe, die Merkur (Unternehmungen), Sonne und Jupiter (Erfolg) und in geringerem Maße Venus (ebenfalls Erfolg) zugeordnet werden. Die Beziehung zwischen Tierkreiszeichen und Häusern läßt sich leicht darstellen; die Bedeutung der Häuser können wir in diesem Zusammenhang nur sehr knapp skizzieren. In der folgenden Tabelle findest Du zuerst das Tierkreiszeichen, dann das dazugehörige Haus, und in der dritten Spalte die Bedeutung dieses Hauses, also nicht die Bedeutungen des Zeichens!

Sternzeichen	Haus	Lebensbereich
Widder	1. Haus	Auftreten nach außen
Stier	2. Haus	existentielle Sicherheiten, Einkünfte, Besitz
Zwillinge	3. Haus	Gedankenaustausch, kurze Kontakte und Reisen, Verbindungen, Studium

Krebs	4. Haus	häusliche Verhältnisse, emotionale Geborgenheit, Familienbeziehungen, die Eltern
Löwe	5. Haus	Selbstbestätigung, Liebesabenteuer, Kinder
Jungfrau	6. Haus	Objektivität, Dienstbarkeit, Arbeit, Gesundheit
Waage	7. Haus	Zusammenarbeit und Formen des Zusammenlebens, Harmonie
Skorpion	8. Haus	instinktive Reaktionen, Kampf zwischen Lebensdrang und Todestrieb, Erbschaften
Schütze	9. Haus	Expansionsdrang, Eintreten für Ideale, Reisen ins Ausland
Steinbock	10. Haus	Beruf, Ansehen, Anerkennung, Struktur
Wassermann	11. Haus	Freundschaften, ideologische Mitstreiter, Durchbrechen von Konventionen
Fische	12. Haus	mystische Einheitserfahrung, Loslösung, Auflösung, Träume, Rausch

Wir möchten noch einmal darauf hinweisen, daß diejenigen, die sich nicht gut in der Astrologie auskennen, sich auf die fertigen Rezepte beschränken können, die im vorliegenden Buch beschrieben werden, obwohl diese Rezepte natürlich zwangsläufig nicht so spezifisch in ihrer Wirkung sein können. Wer jedoch Tierkreiszeichen und Planeten zu kombinieren weiß, dem steht ein nahezu unbegrenztes Repertoir an besonders wirksamen Weihrauchmischungen für konkrete Ziele zur Verfügung.

Farben und Wochentage

Im gesamten Bereich der Esoterik, der okkulten Wissenschaften, der Magie, der Astrologie usw. gilt das Grundgesetz, daß das Ergebnis von Bemühungen um so besser ausfällt, je mehr Kräfte man auf ein Ziel zu konzentrieren vermag. In unserem Buch über Kerzen haben wir dieses Thema ausführlicher behandelt. Wir möchten hier einige der Möglichkeiten, die sich in diesem Zusammenhang bieten, wiederholen.

Im vorangegangenen Abschnitt haben wir gesehen, daß wir äußere Gegebenheiten, nämlich die Planeten, Zeichen und Häuser der Astrologie, verwenden können, um unseren Weihrauch spezifischer auf ein konkretes Ziel abzustimmen. Wir können aber auch beispielsweise Farben, Wochentage, Mondphasen und ähnliches in unsere Überlegungen mit einbeziehen. Ein Weihrauch, dessen Ingredienzen aus Grundstoffen bestehen, die der Sonne zugeordnet sind, ist ohnehin wirksamer als ein willkürlich gewählter Weihrauch, doch wenn ein solcher "Sonnenweihrauch" außerdem noch an einem Tag verbrannt wird, der der Sonne geweiht ist, an einem Sonntag also, wird die Wirkkraft zusätzlich verstärkt. Deshalb empfiehlt es sich, einen Weihrauch, der einem Planeten zugeordnet wird, an einem Tag zu verbrennen, der diesem Planeten geweiht ist.

Zwischen den Planeten und den Wochentagen bestehen die folgenden Beziehungen:

Wochentag	Planet
Sonntag	Sonne
Montag	Mond
Dienstag	Mars
Mittwoch	Merkur
Donnerstag	Jupiter
Freitag	Venus
Samstag	Saturn

In unserem Buch über Kerzen haben wir auch erwähnt, daß tatsächlich jede Stunde eines Tages unter der Herrschaft eines bestimmten Planeten steht und daß man beispielsweise einen Jupiter-Weihrauch in der Stunde des Tages verbrennen sollte, die Jupiter geweiht ist, um die optimale Wirkung zu erzielen. Ausführlichere Erläuterungen hierzu findest Du im obengenannten Buch über Kerzen. In einem geplanten weiteren Buch möchte ich außer den genannten Mikrozyklen (Stunden und Tage) auch Mesozyklen (Monate, Jahreszeiten und Jahre) und Makrozyklen (Jahrzehnte und Jahrhunderte) untersuchen.

Farben

Jedem Weihrauch kannst Du mit Hilfe von Farbstoffen eine bestimmte Färbung geben. Auch diese Farben haben eine konkrete Schwingungsinformation und verstärken, wenn man sie richtig auswählt, die Kräfte der Räucherung. Die Farbe, die Du dem Weihrauch geben willst, kannst Du auf einen Planeten oder auf ein Tierkreiszeichen (den oder das Du wegen seiner speziellen Kräfte gewählt hast) abstimmen; aus den beiden folgenden Tabellen kannst Du entnehmen, in welcher Beziehung die Planeten, die Tierkreiszeichen und die Farben zueinander stehen.

Beziehungen zwischen Wochentagen, Farben und Planeten

Wochentag	Farbe	Planet
Sonntag	gelb	Sonne
Montag	weiß	Mond
Dienstag	rot	Mars
Mittwoch	lila	Merkur
Donnerstag	blau	Jupiter
Freitag	grün	Venus
Samstag	schwarz	Saturn

Beziehungen zwischen Tierkreiszeichen und Farben

Widder	(21. März - 19. April)	rot
Stier	(20. April - 19. Mai)	rot-orange
Zwillinge	(20. Mai - 18. Juni)	orange
Krebs	(19. Juni - 23. Juli)	gelb-orange
Löwe	(24. Juli - 22. August)	gelb
Jungfrau	(23. August - 21. September)	gelb-grün
Waage	(22. September - 21. Oktober)	grün
Skorpion	(22. Oktober - 20. November)	blau-grün
Schütze	(21. November - 20. Dezember)	blau
Steinbock	(21. Dezember - 19. Januar)	blau-violett
Wassermann	(20. Januar - 18. Februar)	violett
Fische	(19. Februar - 20. März)	violett-rot

Du kannst noch einen Schritt weitergehen, indem Du Deine Farbwahl nach der symbolischen Bedeutung der einzelnen Farben triffst. Im nun folgenden Abschnitt werden wir uns mit der schwingungsmäßigen wie symbolischen Bedeutung einer Reihe besonders wichtiger Farben befassen. Die Beschreibungen der Farbsymbolik und der Farbschwingungen sind unserem Buch "Kerzen" (Windpferd Verlag) entnommen, wo sie in bezug auf die Anwendung für Rituale ausführlich beschrieben sind.

Blau

Positiv: Spiritualität, Inspiration, Wahrheit, Treue, Ruhe, Gelassenheit, Friede, Hoffnung, Hingabe, Aufrichtigkeit, Intuition, Liebe zur gesamten Schöpfung, Frömmigkeit, Gerechtigkeit.

Negativ: Kälte, Distanziertheit, Depression, Melancholie, Tränen, Traurigkeit, Apathie, Kummer; Abkühlung, wo einst Wärme (Rot) war.

Blau ist die Farbe des wolkenlosen Himmels von grenzenloser Weite und der Endlosigkeit des Meeres, das sowohl beruhigen wie auch melancholisch stimmen kann; es ist die Farbe der Nostalgie und des Verlangens; der klaren und strahlenden Atmosphäre, die eine direkte Verbindung zu dem bzw. den höchsten Wesen zu ermöglichen scheint. Diese Beziehung der Farbe Blau zu den Göttern der Luft wird schon seit Jahrtausenden geknüpft, und aus dem gleichen Grund wird Blau auch Jupiter zugeordnet: das königliche Blau. Auf Gemälden, Skulpturen und Bleiglasfenstern ist auch die Kleidung der Jungfrau Maria oft blau, wodurch unter anderem ihre Rolle als Königin des Himmelreichs hervorgehoben werden soll.

Die Beziehung zu den Göttern der Luft erklärt wahrscheinlich auch, warum Blau stets mit Aristokratie und dem königlichen Hof in Verbindung gebracht wird. Ein Mensch von adeliger Herkunft hat, wie man sagt, "blaues Blut". In der Politik gilt Blau überwiegend als Farbe der Konservativen. Als die Flagge der Vereinigten Staaten von Nordamerika entworfen wurde, hat man bewußt Blau gewählt, um Wachsamkeit, Beharrlichkeit und Gerechtigkeit symbolisch zu repräsentieren.

In christlicher Kunst, beispielsweise in der christlichen Malerei, ist die Kleidung der Engel oft blau - die Farbe symbolisiert in diesem Zusammenhang Treue, Liebe, Gefühl und Sanftmut. Allerdings wird Blau auch mit Kälte in Zusammenhang gebracht (- er ist blau gefroren -), und Heilmittel, die eine Entzündung - Wärme und damit Rot - bekämpfen sollen, werden oft blau gefärbt, um zu kühlen. Die gleiche Farbsymbolik finden wir, wahrscheinlich ohne daß es uns bewußt wird, bei etwas sehr Alltäglichem: den Wasserhähnen. Aus einem blau gekennzeichneten Hahn zapfen wir kaltes Wasser, aus dem roten das warme.

Die unmittelbar einleuchtende Beziehung zwischen Blau einerseits und Wasser und Meer andererseits läßt sich leicht auf Tränen, Weinen und Traurigkeit erweitern. Menschen können den Blues (von blue - "blau") haben, was bedeutet, daß sie melancholisch, traurig und wehmütig sind.

Zusammenfassung: Blau fördert den Energieausgleich, die Kommunikation und das Verständnis für andere. Es ist die spirituellste Farbe der Regenbogenskala. Blau bringt Ruhe, Frieden, Entspannung und Harmonie.

Braun

Positiv: Gleichgewicht, Solidität, Fruchtbarkeit, Reife, Ruhe, Neuanfang, Geborgenheit.

Negativ: extreme Buße oder Askese, Verfall, Willenlosigkeit.

Braun ist die natürliche Farbe der Erde und wird deshalb auch mit Begriffen wie Gleichgewicht, Solidität sowie mit dem Praktischen und Irdischen in Verbindung gebracht. Wir pflanzen und säen in fruchtbarer, brauner Erde, um ein gesundes Wachstum zu erhalten. Braun wird auch mit Grübeleien über die Unvollkommenheiten des Lebens und über Unvermeidliches sowie mit Ruhe, Akzeptieren und Reife in Verbindung gebracht. Weiterhin hat Braun eine starke Verbindung zu fallendem Laub - und folglich einerseits zu einem Ende, gleichzeitig aber auch zu einem Neuanfang: die abgefallenen Blätter sind Nahrung für die zukünftigen Pflanzen - das Abgestorbene nährt das Neugeborene oder Wiedergeborene. Braun ist die Farbe des Holzes, der Natur sowie der Nutzung der Natur durch den Menschen: Tische, Schränke und ähnliche Dinge sind meist braun.

Zusammenfassung: Braun ist die Farbe der Geborgenheit, Gemütlichkeit, des naturverbundenen, verwurzelten Lebens, der Bodenständigen. Sie steht auch für das körperlich-sinnliche Empfinden, ebenfalls aber auch für den Willen zur Buße, zur Askese.

Orange

Positiv: Fröhlichkeit, Leben, Energie, Freude, Wärme, Kraft, Stolz, Munterkeit, Aufheiterung.

Negativ: Schwäche, Feigheit, Eifersucht, Mißtrauen, Krankheit, Verfaulen und Absterben, Angst, Haß.

Orange ist die Farbe der puren Lebensenergie, sie steht für die Lust, sich dem Leben zu hinzugeben, für Jugendlichkeit und Gesundheit. Sie ist warm, anregend und hat eine auf fast jeden sehr positiv wirkende Ausstrahlung. Wer Orange bevorzugt, liebt es sich zu verströmen, sich in den Fluß des Lebens zu ergießen. Orange mischt sich aus aktiver Persönlichkeit (Rot) und hingebungsvoller Weisheit (Gelb), ist eine Mischung aus zärtlicher Erotik und dynamischer Lebenslust. Es ist kein Zufall, daß die Sanyassins, die sich um Bhagwan versammelten, aufgefordert wurden, durchgängig orangefarbene Kleidung zu tragen, denn diese Kleidung konnte dabei helfen, sich dem Glauben hinzugeben, Emotionen auszuleben, gefühlsmäßige Blockaden zu überwinden. Aber auch bei Orange gibt es die andere Seite: buddhistische Mönche trugen orangefarbene Gewänder, um ihre Emotionen unter Kontrolle zu bringen, ihr Leben einer Disziplin zu unterwerfen - aber dabei offen und freudvoll im inneren Lächeln zu verweilen.

Zusammenfassung: Orange ist die Farbe des Selbstvertrauens, sie versinnbildlicht den Willen zur Existenz, zur fröhlichen Lebensbewältigung, der Lust und der Hingabe. Orange ermöglicht bisher unbekannte Erfahrungen - eine herausfordernde Farbe. Sie besitzt eine ungeheure Erfahrungsenergie.

Gelb

Positiv: Weisheit, Intelligenz, geistige Regsamkeit, Denkvermögen, Zufriedenheit, Kreativität, Wachheit, Freiheitsliebe.

Negativ: schlechte Laune, Unlust, Zersplitterung, falsche Hoffnungen, Konkurrenz, Neid, Niedergeschlagenheit.

Diese helle, strahlende, aufheiternde Farbe steht in Zusammenhang mit der größten Lebensspenderin: der Sonne. Die Helden und Heldinnen unserer Vergangenheit hatten stets gelb- oder goldfarbenes Haar. (Etymologisch sind "Gelb" und "Gold" [eigentlich "das gelbe Metall"] miteinander, aber auch mit "Galle" verwandt.) Für die Darstellung der Sonne verwendet man manchmal auch die Farbe Orange, die durch Kombination von Gold mit der Farbe des Feuers, dem Rot, entsteht.

Gelb ist die beste Farbe, um schlechte Laune zu vertreiben, sie regt unsere Kreativität und das Denkvermögen an, gibt neuen Schwung und versetzt uns in beste "gelbe" Stimmung. Gelb ist eine "öffentliche" Farbe. Sie erleichtert Kontakte im öffentlichen, beruflichen, gesellschaftlichen Bereich, wohingegen Rot dasselbe im intimen, persönlichen Bereich bewirkt. Wer gelb mag, ist ein offener, geistig reger Mensch, der gerne dazulernt und das aufnimmt, was andere aussenden.

Im königlichen China war Gelb die kaiserliche Farbe. Das chinesische Wort für Kaiser und für Gelb ist identisch! In der westlichen Welt assoziieren wir Gelb mit dem Geistigen, dem Mentalen, was die Beziehung der Farbe Gelb zu Merkur, dem Götterboten, erklärt.

In der christlichen Kunst wird Judas, der Verräter Christi, oft in gelber Kleidung dargestellt. In diesem Fall kommen durch das Gelb Gefühle des Hasses und des Neides zum Ausdruck. Für Kain, den Brudermörder, gilt das gleiche. Im Volksmund heißt es, neidische oder bösartige Menschen hätten infolge der vergiftenden Wirkung der Galle eine gelbliche Hautfarbe: "sich grün und gelb ärgern", "grün und gelb vor Neid". Zuviel Gelb kann zur Zersplitterung führen, zu Instabilität und Disziplinlosigkeit.

Zusammenfassung: Gelb ist die Farbe des Kontakts, der Öffentlichkeit, der Hinwendung zum geistig Vermittelnden, sie vermittelt Fröhlichkeit und mitfühlende Freude. Sie wirkt auf den Solar-Plexus. Ihre Schwingung symbolisiert Lösung, manchmal auch Auflösung. Die gelbe Energie schafft die Voraussetzung zur Entwicklung der Liebesfähigkeit.

Grau und Silbergrau

Positiv: vollkommene Neutralität, Diskretion, Ausgewogenheit,.
Negativ: Verdrängung, Einschränkung, Lebensangst, Distanziertheit, Vernebelung, Niederlage, Mißerfolg.

Grau gilt oft als neutrale Farbe oder als "Überbrükkungsfarbe" - Grau stellt die Verbindung zwischen den Kontrasten Schwarz und Weiß her. Im positiven Sinne wird Grau als Hinweis auf Reife und Weisheit verstanden. Beispielsweise liegt die Assoziation der späten Lebensjahre nahe, in denen der Mensch silbernes oder graues Haar bekommt. Im negativen Sinne steht Grau für Senilität und für die sogenannte zweite Jugend.

Auch Geld wird mit Grau und Silber assoziiert, was offensichtlich ein Kompromiß ist: Geld ist weder schwarz noch weiß, weder gut noch schlecht - Du allein machst es zu dem, was es für Dich sein soll. Insbesondere die römisch- katholische Kirche vertritt die Auffassung, Geld sei nichts weiter als ein reines Mittel zum Zweck und ansonsten eher verachtenswert, weil es im Leben um wichtigere Dinge gehe - aus dieser Perspektive ist Geld schwarz. Andererseits weiß jeder, daß eine bestimmte Menge Geld erforderlich ist, um die Voraussetzungen für ein Leben zu schaffen, daß sich aus dem Kampf um die tägliche materielle Existenz befreien und dem geistigen, dem spirituellen Leben hinwenden kann - so gesehen ist Geld weiß. Doch daß Geld auch etwas Positives beinhaltet, diese Ansicht hört man in gewissen Kreisen nicht so gerne und findet der Farbe Grau als Repräsentant des Geldes eine Art Kompromiß.

Grau ist wirklich die Farbe der Kompromißbereitschaft, der Anpassungsfähigkeit und der Diskretion. Mit Grau muß man keine Farbe bekennen, man ist distanziert, hält sich bedeckt, erscheint als "graue Eminenz".

Die Farbe Grau verbinden wir natürlich auch mit Trauer und mit Gleichgültigkeit - "Darüber lasse ich mir keine grauen Haare wachsen" - sowie mit Unbeweglichkeit. Redensarten wie "alles grau in Grau sehen" und "dem grauen Alltag entfliehen wollen" drücken depressive Stimmungen und Gefühle der Langweile aus bis hin zum völligen Fehlen von Vitalität. In dieser Situation fühlt man sich so farblos wie die Welt an einem trüben Tag mit wolkenverhangenem Himmel.

Das ist auch der Grund, weshalb graue Farbe bei Kerzen selten zu finden ist. Dabei ist Grau geradezu ausgezeichnet, um Neutralität und Kompromißbereitschaft in einem Kerzenritual anzuzeigen.

Zusammenfassung: Grau ist die Farbe der Reife, der Neutralität, der Anpassungsfähigkeit. Dunkelgrau wirkt leicht bedrohlich und beängstigend, während helles Silbergrau beruhigend wirkt und als Hoffnungsträger angesehen wird.

Grün

Positiv: Gelassenheit, Heilung, Erneuerung, ewige Jugend, Stabilität, Freude, Ruhe, Wachstum, Frühling, Überfluß, Fruchtbarkeit, Wohlstand, Reichtum, Leben, Natur, Erholung.

Negativ: Neid, Krankheit, Knauserigkeit, Feigheit, Ärger, Haß, Disharmonie, Argwohn, Groll.

Grün ist in der Symbolik unserer Kultur eine der wichtigsten Farben. In der gesamten westlichen Kulturgeschichte symbolisiert Grün den Überfluß der Natur und das Wiederaufsprießen und Erblühen des Lebens nach der dunklen Zeit des Winters. Grün ist mehr als alle anderen Farben diejenige, die Ruhe ausstrahlt. Denke nur an die wohltuende, beruhigende Wirkung, die der Anblick der Natur auf Dich haben kann. Die grünen Pflanzen produzieren den Sauerstoff, den wir so dringend brauchen, um leben zu können. Wenn ein Zimmer eine besonders beruhigende Ausstrahlung haben soll, streicht man es in Grüntönen. Grün liegt zwischen den warmen, erregenden Farben Rot, Gelb und Orange und den kühlen Farben Blau, Indigo und Violett. Grün liegt genau zwischen Blau und Gelb; es entsteht durch Mischung dieser beiden Farben. Wenn Sonne und Wasser sich miteinander verbinden, entsteht das grüne Königreich der Natur.

Die immergrünen Pflanzen überstehen unbeschädigt den Winter; deshalb ist Grün auch ein Symbol für das ewige Leben, das lange Leben und damit auch für die Hoffnung. Gras, Grün und Wachsen gehören eng zusammen. Die Wesen, die das Feenreich bevölkern, tragen oft grüne Kleidung. Ihre Könige und Königinnen trugen grün, im Gegensatz zu den irdischen Königen und Königinnen, die in Purpur gekleidet waren. In der christlichen Kirche symbolisiert Grün die Freude und Güte Gottes. "Grünes Licht bekommen" bedeutet, daß man vertrauensvoll und guten Muts den eingeschlagenen Weg weiterverfolgen kann. Unter der Obhut von Menschen, die "einen grünen Daumen haben", gedeihen Pflanzen ausgezeichnet, weil sie sich besonders guter Pflege erfreuen.

Zusammenfassung: Grün ist die Farbe der Herzenserleuchtung, des harmonischen Wachstums, sie setzt Schöpfungsenergie frei. Sie ist die eigentliche Farbe der Liebe.

Purpur

Positiv: mystische Grenzerfahrungen, spirituelle Kraft, universelles Bewußtsein, Gottvertrauen, auch gesellschaftliches Ansehen.

Negativ: Egozentrik, Allmachtsphantasien, Tyrannei, Machtgehabe, Machtmißbrauch.

Purpur - bzw. "der Purpur" als Name für einen entsprechend gefärbten Umhang - gilt als Synonym des römischen Kaisertums und allgemein des Königlichen. Möglicherweise ist der Grund hierfür, daß die Farbe Purpur im Altertum nur sehr schwer herzustellen und deshalb äußerst kostbar war, weshalb nur die Mächtigen und Reichen sich Stoffe in dieser Farbe leisten konnten. So wurde Purpur zum Symbol für Luxus und Macht. Immer bezieht sich diese Farbe auf diejenigen, die auf einem bestimmten Gebiet die Spitze erreicht haben. Purpur wird, ebenso wie Blau, Jupiter zugeordnet, dem Herrscher über Religion und Philosophie, dem Planeten, der über alles regiert, was den Geist anregt und beschäftigt. Idealismus, Würde, Macht und Weisheit sprechen aus dieser Farbe.

Andererseits ist Purpur auch eine neutrale Farbe, weder warm noch kalt. Purpur vereinigt eine warme Farbe (Rot) mit einer kalten (Blau). Weist Purpur im positiven Fall auf Erfolg, Prestige, gesellschaftliches Ansehen und eine hohe Stellung hin, so drückt diese

Farbe im negativen Sinne Tyrannei, Despotismus sowie Mißbrauch von Macht und Autorität aus.

Zusammenfassung: Purpur ist die ausgewogene Vereinigung zweier Gegensätze, sie führt uns in mystische Grenzerfahrungen, verleiht spirituelle Kraft.

Rot

Positiv: Wärme, Kraft, Sexualität, Mut, Liebe, Gesundheit, Vitalität, Leidenschaft, Erregung, Inspiration, Dynamik, Stimulans, Enthusiasmus, Geburt, Zeugung und Triumph.

Negativ: Haß, Leidenschaft (unbeherrscht und primitiv), Übererregung, Angriff, Anarchie, Rebellion, Gefahr, Krieg, Blut, Gewalt, Grausamkeit gegen sich und andere, Rachegelüste.

Rot ist die Farbe des Planeten Mars, des Herrschers über das Blut, unseren Lebenssaft. (In Zusammenhang mit dieser Assoziation steht auch die Farbe des Planeten selbst: Mars ist "der rote Planet".) Die Farbe Rot befindet sich scheinbar auf einer Gratwanderung, ihre Energie kann sich blitzschnell in die eine oder andere Richtung entwickeln: Rot steht auch für rein körperliche, also sinnliche, erregende Energie. In den meisten Ländern weisen rote Flaggen und Lichter auf Gefahr hin und halten uns dazu an, vorsichtig und wachsam zu sein. Wir kennen die roten Lichter auch aus den Rotlichtvierteln. Ein roter Faden ist das Kennzeichen der Hexe. Das lodernde rote Feuer schützt den Menschen vor wilden Tieren. Rot wirkt sehr stimulierend, was man beispielsweise daran sieht, daß ein rotes Tuch einen Stier rasend macht.

Rot symbolisiert auch die Liebe. In der katholischen Kirche ist Rot außerdem die Farbe der Märtyrer. Dann gibt es Rotlichtviertel, die rote Laterne

In der chinesischen Symbolik ist Rot eine der fünf Grundfarben und wird mit Feuer und dem Süden assoziiert. Ein Mandarin, ein hoher chinesischer Beamter, trug als Zeichen seiner gehobenen Stellung und seiner Würde einen roten Knopf auf seiner Kopfbedeckung. Chinesische und japanische Kinder werden dazu angehalten, stets etwas Rotes zu tragen, denn Rot symbolisiert ein langes Leben.

In der Alchimie steht Rot für die Prima materia oder für den Stein der Weisen. Rote und weiße Drachen spielen in der alchimistischen Symbolik eine wichtige Rolle.

Zusammenfassung: Rot ist die Farbe der Lebenslust, der Lebenskraft, ein sinnenerregender Energiespender, der ebenso aufbauend wie zerstörend wirken kann. Rot aktiviert - in jede nur denkbare Richtung. Rot drückt eine sehr starke Willenskraft aus.

Rosa

Positiv: Verfeinerte Sinnlichkeit, seelische Empfindsamkeit, Glücksgefühl, Hingabe, platonische Liebe, Sensibilität, Träume.

Negativ: Bezug zur Realität verlieren, Abheben, Davonschweben, Verklärung, Wirklichkeitsflucht, Sentimentalität.

Rosa steht ebenso wie Rot für die Liebe. Ihre Qualität ist nur feiner und differenzierter als diese. Rosa ist die Farbe des Herzens, umgeben von Grün, der Farbe der vollkommenen Harmonie und Stärke.

Zuviel Rosa legt einem die rosarote Brille auf, der Bezug zur Realität geht verloren; manchen Rationalist kann aber eben genau das sehr gut tun, ihn einmal auf eine kleine Wolke heben, wo er Entspannung und Genuß finden kann.

Rosa versinnbildlicht Hingabebereitschaft, Sanftmut und Zärtlichkeit. Rosa ist die Farbe der platonischen Liebe, sie drückt verfeinerte selbstlose Zuneigung aus und ist ganz auf den anderen ausgerichtet, auf sein Glück, seine Zufriedenheit. Rosa ist auch die Farbe der Freude, der Sanftmut, der Schönheit (Venus), der Freundlichkeit und der Ethik. Menschen, die Rosa bevorzugen, sind Genießer, sie ziehen die zärtliche Erotik der reinen Körperlichkeit vor.

Zusammenfassung: Rosa ist die Farbe des Herzzentrums, des grenzenlosen Ausdrucks von Liebe und Hingabe, Sinnlichkeit ist zur allumfassenden Liebe geworden, der weibliche Anteil wird gelebt.

Violett

Positiv: Inspiration, Mystik, Verzauberung, Grenzerfahrung, Meditation, Erleuchtung.

Negativ: Melancholie, Depression, Lethargie, Bewußtseinstrübung, Dämmerung, Realitätsverhaftung, Introversion.

Violett mischt sich aus Rot und Blau. Zwei entgegengesetzte Kräfte finden zur Harmonie. Für die Entwicklung des Menschen bedeutet das, daß er seinen Willen zur Existenzbewältigung hier in der materiellen Welt ebenso auf das Hinübergleiten in die Welt der feinstofflichen Energien anwenden kann. Er hat das Gesetz. der universalen Lebensenergie erfahren und kann es für seine spirituelle Entwicklung anwenden. Er lernt, in Einklang mit den kosmischen Gesetzen zu leben.

Violett ist die Farbe der Inspiration, der Mystik und der Verzauberung, denn ihre Schwingungen können eine innere Verwandlung initiieren - wir können in dieser Welt leben und mit unseren Visionen in eine andere hinübergleiten - um umfassendere Gesetze zu begreifen.

Violett wird traditionell mit Leid, Verzicht, Frömmigkeit, Buße und ganz allgemein Abkehr von allen weltlichen Genüssen in Verbindung gebracht. Violett ist in der römisch-katholischen Kirche die Farbe der Kleidung des Bischofs; dies soll symbolisieren, daß der Betreffende bereit sein muß, sein Blut für die Kirche aufzuopfern; außerdem ist Violett in dieser Kirche das liturgische Symbol der Buße. Violett kann schläfrig machen, aber auch beruhigend wirken, und außerdem kann diese Farbe Melancholie und Lethargie erzeugen. Leonardo da Vinci hat einmal gesagt, daß die Kraft der Meditation um das Zehnfache gesteigert werde, wenn violettes Licht durch die Bleiglasfenster einer stillen Kirche falle. Auch Graf St. Germain hat diese Farbe auf vielerlei Weisen bei seinen Heilungen verwendet. In der östlichen Philosophie wird Violett mit dem Stirnchakra in Verbindung gebracht.

Zusammenfassung: Die Farbe Violett ist die Farbe der Reife, der Zusammenführung von Gegensätzen, der Vereinigung von Geist und Materie. Sie ist eine ausgezeichnete Farbe, um die Meditation zu vertiefen, Grenzerfahrungen zu machen und sich dem Führer aus der geistigen Welt zu überlassen. Sie fordert uns heraus, unsere Unvollkommenheit anzuerkennen und sie mit purer Liebe zu umfangen.

Die Farbe Violett besitzt die Energie der Erkenntnis.

Weiß

Positiv: Reinheit, Unschuld, Jungfräulichkeit, Erlösung, Licht, Friede, Demut, Spiritualität, Aufrichtigkeit, Wahrheitsliebe, Makellosigkeit und Einfachheit.

Negativ: Schwäche, Verletzlichkeit, Feigheit, Blutlosigkeit, Mangel an Lebenskraft, Energieverlust, Unreinheit, Unwahrheit.

Die Farbe Weiß reflektiert alle Schwingungen, sie ist ein perfekter Spiegel für alle Nuancierungen des Lebens. Weiß ist Symbol der Anmut, Reinheit, Unschuld, Erhabenheit. Wenn Weiß da ist, ist auch Licht vorhanden. Die römischen Priester trugen zu Ehren Jupiters weiße Kleidung. Die heiligen Pferde der Griechen, Römer, Germanen und Kelten waren weiß. Traditionell reitet der gute Ritter auf einem weißen, der "böse", der Ritter des Schattens, hingegen auf einem schwarzen Pferd. Christus wird auf Abbildungen, die sich auf die Zeit nach seiner Auferstehung beziehen, gewöhnlich weiß dargestellt. Das gleiche gilt für die Engel und die Toten, die für ewig in den Himmel eingegangen sind.

Weiß hat jedoch auch negative symbolische Bedeutungen, es repräsentiert beispielsweise Feigheit und Schwäche. Dies hängt teilweise damit zusammen, daß es an Blässe mit Blutarmut und Kraftlosigkeit assoziierte. Jemandem eine weiße Feder zu übergeben, bringt symbolisch zum Ausdruck, daß man den Empfänger der Feigheit bezichtigt. Die weiße Flagge ist in Kriegen und Schlachten ein Zeichen der Kapitulation; es handelt sich also um ein Farbsignal, das anzeigt, daß man sich als besiegt betrachtet.

Vor allem in Ritualen kommt der Gegensatz Weiß/Schwarz in vielen verschiedenen Varianten vor. Der Pfad zur Rechten ist weiß und konstruktiv, der Pfad zur Linken schwarz und destruktiv.

Zusammenfassung: Weiß ist Ausdruck einer starken, liebevollen Schwingung, Einssein mit sich selbst, Ängste und egoistisches Machtstreben völlig loslassen. Hingabe an eine höhere, ordnende Kraft, an die Gesetzmäßigkeiten einer universalen Lebensenergie.

Schwarz

Positiv: Würde und Ansehen, Unbezwingbarkeit.

Negativ: Depressivität, Verzweiflung, Trauer, Furcht, Pessimismus, Mutlosigkeit, Angst.

Trotz vieler negativer Assoziationen steht Schwarz auch für die Anfangsphase des Wachstums, so wie der pflanzliche und tierische Same im Dunkel der Erde oder in der Dunkelheit der Gebärmutter ihren Anfang nimmt, bevor er ans Licht gelangt. In der traditionellen Magie schreibt man Schwarz jedoch ausschließlich negative Eigenschaften zu. Schwarz gilt als die Farbe, die alle anderen Farben, alle Taten und alle Gedanken negiert und alle Menschen verleugnet.

Jeder Mekka-Pilger kennt die Kaaba, den berühmten heiligen Stein der Moslems. Jener Stein soll angeblich weiß gewesen sein, als er vom Himmel auf die Erde fiel, und die Sünden der Menschheit sollen ihn schwarz gefärbt haben. Die Römer übernahmen von den Ägyptern die Praxis, Schwarz als die Farbe des Todes und der Trauer anzusehen.

Schwarz wird automatisch mit Nacht, Dunkelheit, dunklen Tunneln und folglich mit dem Tod assoziiert. Schwarz steht für das Schlechte und Böse, für den Teufel und für die Mächte der Finsternis. Die Römer markierten ihre Festtage auf dem Kalender weiß, die Tage der

Trauer hingegen färbten sie mit Holzkohle schwarz: dies waren die sogenannten schwarzen Tage.

Den Gegensatz Schwarz/Weiß findet man überall: im Schachspiel kämpfen die weißen und die schwarzen Figuren gegeneinander, und in vielen Mythen und Legenden haben die beiden einander bekämpfenden Seiten diese beiden Farben. In der Kunst pflegt man den Teufel und seine Kumpane schwarz oder in anderen dunklen Farben darzustellen (der schwarze Tod), und oft fügt man auch noch Rot hinzu: das Böse, der Tod und das Blut. Die Ehrbaren im Himmel hingegen tragen weiße Gewänder.

Zusammenfassung: Die Farbe der unbedingten Aufnahmebereitschaft, von Schwarz umgebene Farben erhalten mehr Leuchtkraft, Schwarz konkurriert nicht mit anderen Farben, es verstärkt und unterstreicht sie. Wer sich mit Schwarz umgibt, braucht Energie von außen, vielleicht weil sein Energiefluß blockiert ist.

Zusammenfassung

1. Du stellst fest, für welchen Zweck Du Weihrauch verwenden willst, beispielsweise, um Deine finanzielle Situation zu verbessern.

2. Du stellst fest, welcher Planet der unter Punkt 1 formulierten Absicht entspricht; dies kannst Du in der Tabelle nachschauen, in der die Einflußbereiche der verschiedenen Planeten aufgelistet sind.

3. In der Tabelle, in der die Planeten den Weihrauchingredienzien zugeordnet werden, schauen Sie nach, welche Stoffe man für einen Weihrauch verwenden kann, der dem von Dir gewünschten Zweck dienen soll.

4. Du suchst in der Tabelle das Haus auf, das mit Deiner Zielsetzung in Zusammenhang steht.

5. Du wählst eine Weihrauch-Ingredienz aus, die dem Tierkreiszeichen entspricht, das mit dem unter Punkt 4 gefundenen Haus in Beziehung steht.

6. Vermische die Weihrauchzutaten, die Du als Ergebnis der Punkte 3 und 5 gefunden hast, und setze diesen einen Farbstoff zu.

7. Die ihrer Zielsetzung entsprechende Farbe kannst Du anhand der Farbsymbolik ermitteln. Unter anderem in unserem Buch über Kerzen Tabellen, mit deren Hilfe Du die genaue Stunde des Tages bestimmen kannst, die sich für eine spezielle Räucherung am besten eignet. Im vorliegenden Buch beschränken wir uns auf den Wochentag.

8. Stelle fest, welcher Wochentag für Dein Vorhaben der geeignetste ist, indem Du entweder den Tag suchst, der mit der Farbe korrespondiert, oder den Tag, der dem Planeten entspricht.

Die Hohepriesterin, Prinzessin Ast, opfert Weihrauch
(aus Flinders Petrie - "History of Egypt")

6.
Weihrauchbestandteile

In diesem Kapitel findest Du eine alphabetische Liste der Ingredienzen für Weihrauchmischungen. Manche Bestandteile werden häufig verwendet oder sind ein unentbehrliches Element eines bestimmten Weihrauchs, andere, beispielsweise Acacia (Gummiarabikum) oder Nelkenwurz und Hyazinthe, werden nur manchmal und nur für ganz bestimmte Zwecke in einer Weihrauchmischung verwendet. Ingredienzen und Düfte haben oft eine Tradition im Bereich der magischen oder medizinischen Verwendung, worauf bei der Besprechung der einzelnen Grundstoffe jeweils hingewiesen wird.

Zur Systematik der Liste ist noch zu erwähnen, daß manchmal das "Wesen" der Pflanze oder des Stoffes angegeben ist. Dabei handelt es sich um einen Hinweis auf die Art von Energie, die die betreffende Ingredienz ausstrahlt. Die Bezeichnung "heiß" steht für stimulierend, aggressiv, elektrisch und/oder positiv. "Kalt" ist gleichbedeutend mit entspannend, passiv, magnetisch und/oder negativ.

Außerdem kannst Du aus der Liste entnehmen, welcher astrologische Planet und welches Element (Erde, Feuer, Luft oder Wasser) der jeweiligen Pflanze bzw. dem Duftstoff zugeordnet wird.

Die folgenden Stoffe werden am häufigsten für Weihrauchmischungen verwendet:

Graue Ambra
Benzoe
Zedernholz

Galbanum (Mutterharz)
Jasmin
Zimt
Kopal
Moschus
Olibanum (Weihrauchharz)
Patchouli
Sandelholz

Wie bereits erwähnt wurde, muß man häufig etwas Sägemehl untermischen, damit der Weihrauch gleichmäßig verbrennt.

Wenn Du tatsächlich selbst Weihrauchmischungen zubereiten willst, mußt Du in jedem Fall vorher das Kapitel über die Herstellung von Weihrauch studieren. Wir wünschen Dir viel Erfolg dabei!

Acacia *(Acacia senegal)*
Synonym: **Gummiarabikum**
Wesen: heiß
Planet: Sonne
Element: Luft
Gottheiten: Astarte, Diana, Ishtar, Osiris
verwendete Teile: Zweige und Holz
Hauptwirkungen: Schutz, Hellsehen
Besonderheiten: Bei Meditationen zusammen mit Sandelholz als Weihrauch verbrennen, um zur Klarheit zu gelangen und um mediale Kräfte zu entwickeln. Trage das Holz als Schutzamulett.

Aloe *(Liliaceae)*
Wesen: heiß
Planet: Merkur
Element: Feuer

128

Gottheiten: Osiris, Isis
verwendete Teile: Blätter und Gummiharz
Hauptwirkungen: Konservierung, Heilung, Abführmittel
Besonderheiten: Aloe wurde schon von den alten Ägyptern wegen des Dufts verwendet, der mit demjenigen des Sandelholzes vergleichbar ist. Auffällig sind die langen, fleischigen Blätter der Pflanze. Der Saft wird aus den Blättern gepreßt, und das Gummiharz wird durch Einschneiden aus den Stengeln gezapft. Das Harz wurde von den Ägyptern oft zum Einbalsamieren von Toten verwendet und häufig mit Myrrhe vermischt. In der Bibel wird an verschiedenen Stellen Parfüm aus Aloe erwähnt. Parfümhersteller haben das Holz der Aloe dazu benutzt, um Parfüms, die zu dünn oder zu flüssig waren, anzudicken. *Aloe succotrina* scheint sich am besten als Räucherstoff zu eignen; ihren Namen hat diese Varietät von der Insel Socotra (Sukkotra) des Roten Meeres, von der man annimmt, daß die alten Ägypter von dort ihre Aloe bezogen haben. Auch in der modernen Heilkunde wird Aloe noch verwendet. Der eingedampfte Saft, aufgefangen aus den quer durchgeschnittenen Blättern, wirkt stark abführend, außerdem verdünnt er das Blut, fördert die Menstruation und reinigt den Magen.

Alpenveilchen *(Cyclamen europaeum)*
Wesen: kalt
Planet: Venus
Element: Wasser
Gottheiten: Hekate, Venus
verwendeter Teil: das Kraut
Hauptwirkungen: Schutz, Fruchtbarkeit, Liebe
Besonderheiten: Man stellt Alpenveilchen ins Schlafzimmer zum Schutz während des Schlafs. Die Blüten kann man bei sich tragen, um den Kummer über eine beendete Liebesbeziehung zu lindern. Wenn man es im Freien

anpflanzt, so schützt es Garten und Haus. Wird auch zur Förderung der Fruchtbarkeit am Körper getragen. Das Kraut kann auch Liebesweihrauch zugefügt werden.

Ambra *(graue)*

Planeten: Neptun, Mars

Besonderheiten: Ambra ist kein pflanzlicher Stoff, sondern ein Weihrauchbestandteil, der aus den Därmen des Pottwals stammt. Vermutlich handelt es sich um eine Absonderung infolge eines krankhaften Zustandes. Ambra ist ein Fettstoff, der in Klumpen aus dem Meer gefischt wird (oder auch am Strand gesammelt wird) und eine wachsähnliche Konsistenz hat. Die Verwendung von Ambra in Parfüms und als Heilmittel reicht weit in die Vergangenheit zurück. Ambra war eines der klassischen Wundermittel. Vor Christi Geburt formten die Chinesen Ambra schon zusammen mit anderen Duftstoffen zu Kügelchen, die in durchlöcherten Medaillons um den Hals getragen wurden und als heiliges Parfüm galten. Auch in Europa hat man bis ins 18. Jahrhundert hinein Ambrakügelchen getragen, was teilweise auf Aberglauben beruhte. Diese Ambra-Äpfel oder Pommander (von dem lateinischen pomum ambrae) galten als Mittel gegen die in früheren Zeiten so gefürchtete Pest und gegen andere ansteckende Krankheiten, außerdem als Heilmittel bei nervösen Beschwerden und als Aphrodisiakum. Es gibt schwarze, dunkelgraue und graue Ambra (amber gris), die sich in Qualität und Härte voneinander unterscheiden. Außerdem sind heute synthetische Formen dieses Stoffs (Ambropur und Grisambol) im Handel, auf die man zurückgreifen sollte, um sicherzugehen, daß für diesen Weihrauchbestandteil keine Wale sterben müssen. Unverfälschte Ambra läßt sich gänzlich in erwärmtem Alkohol und Äther auflösen. Ihr Geruch und ihre Schwingungen sollen insbesondere zu extravertierten Menschen passen, die die Tendenz haben, alles im großen Stil anzugehen. Ambra ist auch ein Duft für diejenigen, die große, mutige Taten vollbringen wollen.

Gemeiner Andorn *(Marrubium vulgare)*
Wesen: heiß
Planet: Merkur
Element: Erde
Gottheit: Horus
verwendeter Teil: das Kraut
Hauptwirkung: Schutz
Besonderheiten: Sachets für Schutzzwecke, Weihrauchmischungen für verschiedene Zwecke; früher waren die getrockneten Blätter ein Mittel gegen Husten.

Apfel *(Pyrus malus)*
Wesen: kalt
Planet: Venus
Element: Wasser
Gottheiten: Aphrodite, Apollo, Athene, Christus, Demeter, Diana, Dionysos, Hera, Herkules, Idhun, König Arthur, Venus
verwendete Teile: Frucht, Blüte
Hauptwirkungen: Liebe, Heilen, Fruchtbarkeit
Besonderheiten: Schon im Altertum war der Apfel (ebenso wie der Granatapfel) ein Symbol für Fruchtbarkeit (Aphrodite und Apfel des Paris). Füge bestimmten Weihrauchmischungen, die Liebes- und Heilzwecken dienen, ein paar Apfelblüten hinzu. Schneide einen Apfel in drei Teile, reibe mit den einzelnen Teilen über den Körper eines Kranken, und vergrabe die Teile anschließend. Der Apfel wird, wenn er sich zersetzt, den Kranken heilen. Bei Warzen verfährt man ebenso. Sprenge Cidre (Apelwein) über ein frisch angelegtes Feld, um seine Lebenskräfte zu wecken. Gebe einem geliebten Menschen einen Apfel als Geschenk, halbiere ihn, und jeder esse eine Hälfte. Verwende Apfelcidre, wenn in magischen Beschwörungen oder Ritualen die Verwendung von Wein erforderlich ist.

Basilikum *(Ocimum basilicum)*
Synonyme: Basilienkraut, Königskraut, Königsbalsam, Josephskräutlein
Wesen: heiß
Planet: Mars
Element: Feuer
Gottheiten: Krishna, Vishnu
verwendeter Teil: das Kraut
Hauptwirkungen: Reinigung, Schutz, Liebe
Besonderheiten: Das Kraut einem Weihrauch, der zu Schutzzwecken verwendet werden soll, hinzufügen. Basilikumblätter sind auch ein Bestandteil des Reinigungsbad- Sachets. Oft verwendet bei Ritualen zur Anziehung von Wohlstand und Glück. Kann auch Weihrauch und Sachets, die Liebeszwecken dienen sollen, beigefügt werden.

Beifuß, gemeiner *(Artemisia vulgaris)*
Synonym: Gänsekraut, Wilder Wermut
Wesen: kalt
Planet: Venus
Element: Luft
Gottheiten: Artemis, Diana
verwendeter Teil: das Kraut
Hauptwirkungen: Schutz, Hellsehen
Besonderheiten: In die Schuhe legen, um auf langen Reisen vorzeitigem Ermüden vorzubeugen. Als Schutz vor wilden Tieren, Vergiftung und Schlaganfall tragen. Ein einfaches Getränk aus Beifuß fördert die Fähigkeit zum Hellsehen. Reibe die frischen jungen Blättchen über magische Spiegel und Kristallkugeln, um deren Kräfte zu verstärken. Kann Weihrauchmischungen beigefügt werden, die beim Vorhersagen der Zukunft, beim Hellsehen und beim Wahrsagen verbrannt werden. Vor Sonnenaufgang bei zunehmendem Mond pflücken, vorzugsweise Pflanzen, die in einer nördlichen Lage wachsen.

Die Kräfte dieser Pflanze sind am stärksten, wenn sie
bei Vollmond gepflückt wird.

Benzoe *(Styrax benzoin)*
Wesen: heiß
Planet: Sonne
Element: Luft
verwendeter Teil: Gummiharz
Hauptwirkungen: geistige Anregung, Reinigung
Besonderheiten: Benzoe ist ein Harz, das durch Einschnitte
   in die Baumrinde gewonnen wird. Der Benzoe-Baum
   stammt ursprünglich aus Hinterindien und den umlie-
   genden Gebieten; heute wird er auch in Ostindien und in
   Brasilien angepflanzt. Das Harz hat einen durchdrin-
   genden Geruch und wird für Parfüms, für kosmetische
   Produkte und natürlich auch für Weihrauch verwendet.
   Benzoe ist eines der Ingredienzen des heiligen Salböls,
   das bei Krönungen des englischen Königshauses verwendet wird (dieses Öl besteht, soweit wir wissen, aus
   Rosenöl, Zimt, Jasmin, Moschus, grauer Ambra und
   Benzoe). Benzoe ist in vielen Kombinationen verwend-
   bar, beispielsweise in Verbindung mit Zimt, um geschäftlichen Erfolg anzuziehen. Um Räume zu reinigen,
   kann man Benzoe einem Reinigungsweihrauch hinzufügen. Benzoe-Tinktur gibt man magischen Ölen zur
   Konservierung bei. Eine andere Benzoetinktur - Benzoe
   im Verhältnis eins zu fünf in Weingeist aufgelöst - wird
   als Schönheitsmittel verwendet.

Besenginster *(Sarothamnus scoparius)*
Wesen: heiß
Planet: Mars
Element: Luft
verwendeter Teil: das Kraut
Hauptwirkungen: Schutz, Reinigung, Heilung
Besonderheiten: Benutze die Pflanze dazu, den Bereich rund um den Platz "auszufegen", an dem Du im Freien Rituale vollziehst. Du kannst das Kraut auch Reinigungsweihrauch zusetzen und etwas davon in dem Raum aufhängen, den Du für Deine Rituale benutzt.

Schwarzes Bilsenkraut *(Hyoscyamus niger)*
Synonyme: Tollkraut, Zigeunerkraut, Dolldill
Wesen: kalt
Planet: Saturn
Element: Wasser
verwendeter Teil: Blätter
Hauptwirkung: Liebe
Besonderheiten: Bilsenkraut ist eine "giftige" wildwachsende Pflanze, die in Großbritannien, Mittel- und Südeuropa und im westlichen Asien im Ödland wächst. Die vielen Zweige können 30-120 cm hoch werden und tragen behaarte Blätter. Der Geruch der Pflanze erregt Übelkeit. Die gelben Blüten sind glockenförmig. Manchmal wird die Pflanze für medizinische Zwecke gezüchtet, aber das ändert nichts daran, daß es sich um eine gefährliche Pflanze handelt. In magischen Zirkeln kursiert folgende, etwas eigenartig anmutende Anwendungsbeschreibung für dieses Kraut: Bilsenkraut soll einem nackten Mann, der es allein, früh morgens und auf einem Bein stehend, pflückt, helfen, die Liebe einer Frau zu gewinnen, denn es soll den Träger schön und begehrenswert machen. Manchmal streut man dieses Kraut in das Wasser, um Regen zu erzeugen. Bilsenkraut ist giftig, man sollte es also keinesfalls kauen oder einnehmen!

Dammar

Besonderheiten: Das Gummiharz des malaysischen Baumes Damara. Tatsächlich ist der Name Dammar ein Sammelname für eine Reihe von Harzen, die in Südostasien und Neuguinea aus mehreren verwandten Bäumen (vor allem Hopea und Shorea) gewonnen werden. Der Stoff diente einst zum Kalfatern von Schiffen, und er wird auch heute noch unter anderem für Firnis (Dammarfirnis oder Porzellanfirnis) und beim Batiken verwendet. Bei uns ist Dammar schwer erhältlich. Es gibt eine schwarze und eine weiße Varietät. Dammar ist ein ausgezeichneter Bestandteil für einen Weihrauch, der dem gleichen Zweck dienen soll wie Weihrauch aus Benzoe und Olibanum.

Dill *(Anethum graveolens)*

Wesen: heiß
Planet: Merkur
Element: Feuer
verwendeter Teil: das Kraut
Hauptwirkungen: Schutz, Liebe
Besonderheiten: In Liebes-Sachets zu verwenden. Getrocknete Samen zum Schutz aufhängen. In die Wiege hängen, um das Baby zu schützen. Auch in Sachets und Weihrauch als Schutz zu verwenden. Man kann eine halbe Handvoll Dillsamen dem Badewasser zufügen, wenn man die Liebe einer Frau anziehen will.

Drachenblutblatt *(Harz von Daemonoropos draco oder Dracaena draco)*
Wesen: heiß
Planet: Mars
Element: Feuer
verwendeter Teil: Gummiharz
Hauptwirkungen: Schutz, Energie, Reinigung
Besonderheiten: Man kann etwas von dem Harz Weihrauchmischungen zusetzen, um deren Kraft und Wirksamkeit zu erhöhen. In Liebes-Sachets und Liebesweihrauch verwenden. Ein Stückchen Drachenblut, unter die Matratze gelegt, soll Impotenz heilen.

Elemi *(Gummiharz)*
Besonderheiten: Elemi ist der Name für eine Anzahl ölhaltiger, wohlriechender Harze. Diese stammen unter anderem von den Philippinischen Canarium commune, den brasilianischen Icicia icicariba und den mexikanischen Elaphium elemiferum.

Engelwurz *(Angelica archangelica oder Angelica officinalis)*
Synonym: Engelwurz, Angelika
Wesen: heiß
Planet: Sonne
Element: Feuer
Gottheit: Venus
verwendete Teile: Blätter, Wurzeln
Hauptwirkungen: Schutz, Austreibungen
Besonderheiten: Kann im Garten als Schutz angepflanzt werden. Die Wurzel kann man als Amulett tragen, die getrockneten Blätter bei Austreibungsritualen verbrennen. Zum gleichen Zweck kann man einen Weihrauch aus Engelwurz bereiten.

Eukalyptus *(Eucalyptus globulus)*
Synonym: Fieberbaum
Wesen: kalt
Planet: Mond
Element: Luft
verwendete Teile: Blätter, Früchte
Hauptwirkung: Heilung
Besonderheiten: Heilende Kräuter-Kissen mit den Blättern
füllen. Blaue Kerzen mit den Blättern des Eukalyptus
schmücken und brennen lassen, um heilende Schwingungen freizusetzen. Hänge einen Eukalyptuszweig über
das Bett des Kranken oder einfach in das Krankenzim-
mer, oder stecke ein paar Eukalyptusblätter in den
Blumenstrauß, den Du einem Kranken oder Verletzten
schickst. Reihe die unreifen (grünen) Früchte an einem
Faden auf, und hänge Dir diesen um den Hals, um
Erkältungen und Halsschmerzen zu heilen. Eukalyptus
ist ein ausgezeichneter Zusatz für Weihrauch mit allge-
meiner Heilwirkung.

Galbanum
Synonym: Mutterharz
Besonderheiten: Dieser Bestandteil von Weihrauchmischungen wird in der Bibel nur ein einziges Mal als Ingredienz
des heiligen Weihrauchs erwähnt (Exodus 30:34). Nach
Plinius wirkt dieses Harz in Mischungen als Fixateur
für andere Duftstoffe. Nach Ansicht klassischer Autoren
ist das Verbrennen von Galbanum ein effektives Mittel
zur Vertreibung von Mücken und Schlangen. Dieser
Stoff wird schon seit sehr langer Zeit für medizinische
Zwecke verwendet. Der Name "Mutterharz" weist auf
seine Anwendung bei Frauenleiden hin. Es ist ein in
Persien vorkommendes Umbellifereharz. Der aus der
Pflanze gewonnene Milchsaft erhärtet an der Luft sehr
schnell. Der Geruch von Galbanum ist scharf und ziemlich kräftig, aber gerade deshalb ist er bei vielen beliebt.

Gardenie (Gardenia ssp.)

Wesen: kalt
Planet: Mond
Element: Wasser
verwendeter Teil: Blüte
Hauptwirkungen: Liebe, Leidenschaft
Besonderheiten: Man kann die Blüte tragen, um Liebe und neue Freunde anzuziehen, aber auch, um den Geliebten bzw. die Geliebte zu verführen. Die getrockneten und pulverisierten Blütenblätter werden mit der Wurzel der Schwertlilie vermischt und dann über den eigenen Körper gestäubt, um das andere Geschlecht anzuziehen. Die Gardenie verbindet uns mit der Mondenergie. Die getrockneten Blütenblätter der Gardenie fügt man auch Weihrauchmischungen zu, die Heilzwecken dienen.

Garten-Nelke *(Dianthus caryophyllus)*

Wesen: heiß
Planet: Sonne
Element: Feuer
verwendeter Teil: Blüte
Hauptwirkungen: Schutz, Energie
Besonderheiten: Diese Pflanze wurde einst von Hexen zum Schutz getragen. Heute wird die Blüte in Weihrauchmischungen verwendet, die der Steigerung der Kräfte dienen sollen, oder man stellt sie zum gleichen Zweck auf den Altar. Trockne neun rote Nelken in der Sonne, entferne den Stengel und zerreibe sie. Etwas Nelkenblütenöl darübergießen, gut vermischen und auf Holzkohle schwelen lassen. Ein sehr kraftvoller Weihrauch, der enorme Energie verleiht.

Garten-Geißblatt *(Lonicera caprifolium)*

Synonym: Wohlriechendes Geißblatt, Echtes Geißblatt, Je-längerjelieber

Wesen: heiß

Planet: Jupiter

Element: Erde

verwendeter Teil: Blüten

Hauptwirkungen: Hellsehen, Glück bei Unternehmungen

Besonderheiten: Grüne Kerzen mit den Blüten dieser Pflanzen behängen, wenn man Geld anziehen will. Kann allen Sachets hinzugefügt werden, die das Gelingen eines Vorhabens begünstigen sollen. Wenn man seine hellseherischen Kräfte stärken will, kann man die leicht zerriebenen Blättchen auf der Stirn verreiben. Die wohlriechenden weißen, gelben und violetten Blüten können für jede Art von Weihrauch verwendet werden, der den Erfolg von Unternehmungen gewährleisten soll. Man sagt, daß die Blüte und der Duft des Geißblatts zu Menschen mit beweglichem und wendigem Verstand passen, zu Menschen, die nur schwer von ihren Ansichten abzubringen sind.

Geranium *(Geranium odoratissimum)*

Wesen: kalt

Planet: Mars

Element: Wasser

verwendeter Teill: Blüten

Hauptwirkungen: Liebe, Heilung, Schutz

Besonderheiten: Man kann die Blüten dieser Pflanze bei sich tragen oder sie in Liebes-Sachets geben. Die weiße Varietät wird getragen, um die Fruchtbarkeit zu fördern, die rote wirkt gut in Schutz-Räucherungen und in solchen zur Unterstützung von Heilungsprozessen. Die Blumen (vor allem die rosafarbenen und roten) kann man als Schutz in Vorgärten anpflanzen.

Goldlack *(Cheiranthus)*
Wesen: heiß
Planet: Venus
Element: Luft
verwendeter Teil: Blüten
Hauptwirkungen: geistige Klarheit, Empfindsamkeit
Besonderheiten: Die großen, duftenden, dunkelgelben, oran-
    gefarbenen oder braunen Blüten in Weihrauch verwen-
    den, der dazu dienen soll, die hinter einer Sache/Vorha-
    ben liegenden Intentionen zu offenbaren. Die Blume
    wird schon seit dem Altertum als Zierpflanze kultiviert.
    Die Sorte mit den einfarbig gelben Blüten, die auf alten
    Kirchenmauern, Burgruinen u.ä. wächst, ist möglicher-
    wiese eine einheimische Pflanze. Man sagt, daß Men-
    schen, die den Goldlackgeruch mögen, überempfindlich
    sind und häufig gedanklich eher in der Vergangenheit
    als in Gegenwart und Zukunft leben.

Gurke *(Cucumis sativus)*
Wesen: kalt
Planet: Mars
Element: Wasser
verwendeter Teil: Frucht
Hauptwirkungen: Heilung, Fruchtbarkeit
Besonderheiten: Die Schalen der Gurke kann man sich gegen
    Kopfschmerzen in einem Tuch um den Kopf binden. Den
    Samen kann man Mondweihrauch beimischen.

Heliotrop *(Heliotropium europaeum oder Heliotropium aborescens)*
Synonym: Sonnenwende
Wesen: heiß
Planet: Sonne
Element: Feuer
Gottheit: Apollo
verwendete Teile: Blüten, Blätter
Hauptwirkungen: Hellsehen
Besonderheiten: Unter das Kissen legen, um prophetische Träume hervorzurufen. Wird auch in Sachets für Heilzwecke verwendet. In Europa gibt es nur wenige Varietäten dieser Pflanze, die ursprünglich aus Peru stammt. Die blauen, weißen oder lila Blüten und die kleinen Blätter wenden sich immer der Sonne zu. Der Duft erinnert leicht an Mandeln. Menschen, die diesen Duft mögen, sind gewöhnlich Menschen, die immer vorne sein wollen, die gesehen werden wollen und selbst sehen wollen. Wenn sie die Möglichkeit haben, ihren Verstand zu gebrauchen, sind sie nachsichtig, doch wenn sie sich bedroht fühlen, werden sie oft autoritär. Manchmal wird ihnen nachgesagt, ihre Schwäche sei der Stolz. Im Altertum war man der Ansicht, diese Pflanze stünde unter der direkten Herrschaft der Planeten, und von den Planeten wäre es auch abhängig, wann ihre Blütezeit gekommen sei.

Hopfen *(Humulus lupulus)*
Wesen: heiß
Planet: Mars
Element: Wasser
verwendeter Teil: Frucht
Hauptwirkung: Heilung
Besonderheiten: Kann in Weihrauchmischungen und Sachets für Heilzwecke verwendet werden. Ein Kissen, das mit diesem Kraut gefüllt ist, erleichtert das Einschlafen.

Hyazinthe *(Hyacinthus orientalis)*
Wesen: kalt
Planet: Venus
Element: Wasser
verwendeter Teil: Blüten
Hauptwirkungen: Schutz, Liebe
Besonderheiten: Für Sachets, die die Geburt erleichtern, die
   allgemein zum Schutz dienen und die vor Alpträumen
   schützen sollen. Der Duft frischer Blüten soll bei seeli-
   schem Schmerz lindernd wirken. Weihrauch aus Hya-
   zinthen(-Blättern) ist gut für Menschen, die immer in
   Eile sind, sowie für launische Menschen, von denen man
   nicht weiß, was sie im nächsten Augenblick tun werden.

Jasmin *(Jasminum officinale oder J. odoratissimum)*
Wesen: kalt
Planet: Jupiter
Element: Erde
verwendeter Teil: Blüten
Hauptwirkungen: Liebe, Glück in Unternehmungen
Besonderheiten: Die Blüten verwendet man in Liebes-Sachets und bei allen Arten von Ritualen, die das Gelingen
   eines Vorhabens gewährleisten sollen. Jasmin zieht
   spirituelle Liebe an. Der Name kann Verwirrung stiften,
   denn auch andere Pflanzengattungen (wie Philadel-
   phus) werden als Jasmin bezeichnet. Jasminöl wird oft
   in Parfüms verwendet. Die Beliebtheit des Jasmin soll
   der Rose kaum nachstehen. Im alten Persien galt diese
   Pflanze als heilig. Sie stammt ursprünglich aus Indien
   und Persien, ist jedoch auch nach Europa importiert
   worden. Der Jasmin ist eine Kletterpflanze, die höher
   als 3,5 Meter werden kann und die büschelweise weiße
   oder gelbe, süß duftende Blüten hervorbringt. Jasmin
   ist für Weihrauch sehr geeignet, nicht zuletzt wegen
   seines herrlichen Dufts.

Kalmus *(Acorus calamus)*
Synonym: Magenwurz, Deutscher Ingwer
Wesen: heiß
Planet: Mond
Element: Wasser
Hauptwirkungen: Glück, Heilen, Geld, Schutz
Besonderheiten: Die pulverisierte Wurzel wird in heilkräfti-
gen Weihrauchmischungen verwendet. Kalmus war
schon in alttestamentarischen Zeiten bekannt, und er
war Teil des Heilmittelrepertoirs der ersten griechi-
schen Ärzte. Kalmus verbreitet einen sanften, schweren
Geruch. Nicht zum Verzehr geeignet, denn er ist giftig.

Römische Kamille *(Anthemis nobilis bzw. Chamaemelum
nobile)*
Synonym: Edle Kamille
Wesen: heiß
Planet: Sonne
Element: Wasser
verwendeter Teil: Blüten
Hauptwirkungen: Glück bei Unternehmungen, Meditation
Besonderheiten: Wird in Glückszaubern verwendet, um Geld
anzuziehen. Findet auch in Weihrauchmischungen Ver-
wendung, die die für die Meditation notwendige ruhige
Geisteshaltung fördern sollen. Römische Kamille wirkt
einschläfernd, wenn man sie verbrennt.

Japanischer Kampfer *(Cinnamomum camphora)*
Wesen: heiß
Planet: Mond
Element: Wasser
Hauptwirkungen: Keuschheit, Gesundheit, Wahrsagen
Besonderheiten: Das ätherische Öl stammt von einem Baum,
der in Südchina, Taiwan und Japan beheimatet ist.
Kampfer wird durch Wasserdampfdestillation aus dem
zerkleinerten Holz des Kampferbaums gewonnen. Für
Räucherungen kann man eventuell auch die Wurzeln

verwenden. Der Stoff verleiht vielen Medikamenten ihren charakteristischen Geruch. Er wird manchmal Wahrsageweihrauch hinzugefügt, doch da er nur schwer erhältlich ist, muß man wahrscheinlich meist mit der synthetischen Variante vorlieb nehmen. Der Japanische Kampfer darf nicht mit dem Borneo-Kampfer verwechselt werden.

Echte Katzenminze (Nepeta cataria)

Synonym: Gewöhnliche Katzenminze
Wesen: kalt
Planet: Venus
Element: Wasser
Gottheit: Bast
verwendeter Teil: das Kraut
Hauptwirkungen: Liebe, Kontakte zu Tieren
Besonderheiten: Du kannst getrocknete große Blätter dieser Pflanze als Lesezeichen in für Dich wichtigen Büchern verwenden. Außerdem kannst Du die Blätter der Katzenminze Katzen zum Schnüffeln und Spielen geben sowie auch, um die seelische Beziehungen zwischen Ihnen und Ihrer Katze zu verstärken. Katzenminze kann man auch in Liebes-Sachets und in Liebesweihrauch verwenden, in diesem Fall zusammen mit rosafarbenen Blütenblättern.

Kopal (Bursera odorata)

Synonym: Copal
Wesen: kalt
Planet: Sonne
Element: Feuer
Hauptwirkungen: Liebe, Reinigung
Besonderheiten: Kopal ist eine bernsteinfarbene, geruchlose Harzsorte mexikanischen Ursprungs. Die Pflanzen, aus denen Kopal gewonnen wird, wachsen heute auch auf Sansibar, in Westafrika und Mozambique, auf Madagas-

kar und in Indien. Vor allem in Mexiko wird Kopal häufig in Liebes- und Reinigungsweihrauch verwendet.

Lavendel *(Lavendula officinalis und Lavendula vera)*
Wesen: heiß
Planet: Merkur
Element: Luft
verwendeter Teil: Blüte
Hauptwirkungen: Schutz, Liebe, Reinigung
Besonderheiten: Lavendel wird in Reinigungsweihrauch verwendet und ist ein Bestandteil von Badesachets für Reinigungsbäder. Die Hexen warfen während der Mittsommernacht Lavendel als Opfergabe für die alten Götter in das Feuer. Lavendel ist ein sehr häufig verwendeter Zusatz in heilend wirkenden Sachets, vor allem in Bademischungen. Er ist auch Bestandteil von Räucherungen gegen Schlaflosigkeit. Einst trug man zum Schutz der Jungfräulichkeit Lavendel zusammen mit Rosmarin am Körper - was ein Hinweis auf seine anaphrodisische Wirkung sein könnte. Andererseits wird Lavendel auch häufig verwendet, um Männer zu verführen. Wenn man das Kraut bei sich trägt, so hilft dies, Geister zu sehen.

Lorbeer *(Laurus nobilis)*
Wesen: heiß
Planet: Sonne
Element: Feuer
Gottheiten: Apollo, Ceres, Cerridwen, Aeskulap
verwendete Teile: Blätter
Hauptwirkungen: Schutz, Hellsehen, Exorzismus, Heilung, Reinigung, Erfolg
Besonderheiten: Die Blätter des Lorbeers verbrennt man, um Visionen zu erzeugen. Um Negativität abzuwehren, sollte man ein aus Lorbeer angefertigtes Amulett tragen. Bei Reinigungsritualen kann man Lorbeerblätter als Weihrauch verbrennen und kleingeschnitten auf

dem Boden verstreuen. Wenn man Lorbeerblätter unter
das Kopfkissen legt, so weckt dies die Inspiration und
ruft prophetische Träume hervor. Die Blätter werden
Reinigungs-Sachets und Bädern beigegeben. Lorbeer
wird auch in Sachets und Weihrauchmischungen für
Heilzwecke verwendet. Pflücken sollte man die Lorbeerblätter bei Sonnenaufgang mit nach Osten gewandtem
Gesicht. Lorbeer schützt zudem vor Blitzen.

Ägyptische Lotusblume *(Nymphaea lotus)*
Wesen: heiß
Planet: Mond
Element: Wasser
Hauptwirkungen: Schutz; öffnen, was geschlossen ist.
Besonderheiten: Der Lotus wird im Osten von altersher als
    mystisches Symbol des Lebens und der Spiritualität und
    als Zentrum des Kosmos verehrt. Die alten Ägypter
    sahen den Lotus als eine heilige Pflanze an und sie
    brachten ihn den Göttern als Opfer dar. Jeder, der den
    Geruch von Lotus einatmet, empfängt seinen Schutz.
    Deshalb sollte man Lotus in Schutzweihrauch verwen-
    den. Der Geruch ist nach Ansicht vieler Menschen äu-
    ßerst faszinierend.

Magnolie *(Magnolia grandifolia)*
Wesen: heiß
Planet: Venus
Element: Erde
Gottheit: Vishnu
Hauptwirkung: Treue
Besonderheiten: Um die Treue innerhalb einer Beziehung zu
    erhalten, sollte man Magnolienweihrauch in der Nähe
    des Bettes verbrennen. Dazu verwendet man die tulpen-
    förmigen Blüten der Pflanze. Im Volksmund wird die
    Magnolie fälschlich auch als "Tulpenbaum" bezeichnet.

Großes Löwenmaul *(Antirrhinum majus)*
Wesen: kalt
Planet: Venus
Element: Feuer
verwendeter Teil: Blüte
Hauptwirkung: Schutz
Besonderheiten: Man kann Löwenmäulchen als beschützendes Amulett tragen oder sie, falls das Bedürfnis dazu besteht, in einer Vase ins Haus stellen. Wenn man die Blume bei sich trägt, hilft sie einem, die betrügerischen Absichten anderer Menschen zu durchschauen. Die Pflanze kann verwendet werden, um Verzauberungen zu lösen (Gegenmagie). Falls dies beabsichtigt ist, sollte man den Lavendel zu Weihrauch und Ölmischungen geben.

Echtes Mädesüß *(Filipendula ulmaria)*
Synonyme: Wiesenkönigin, Wiesengeißbart
Wesen: heiß
Planet: Jupiter
Element: Wasser
verwendeter Teil: das Kraut
Hauptwirkung: Liebe
Besonderheiten: Stelle etwas frisches Mädesüß auf den Altar, während Du Zaubermittel und Liebes-Sachets mischst. Man kann das Kraut auch Liebes- und Friedensweihrauch hinzufügen und es im Haus ausstreuen. Mädesüß hat besonders positive Schwingungen.

Mastix *(Pistacia lentiscus)*
Wesen: heiß
Planet: Sonne
Element: Luft
verwendeter Teil: Gummi
Hauptwirkungen: Hellsehen, Manifestationen
Besonderheiten: Mastix ist das luftgetrocknete Harz des
    Mastixbaums, der im Mittelmeerraum heimisch ist. Er
    wird auch zur Herstellung spezieller Kitte, Lacke und
    Firnisse zur Gemälderestaurierung verwendet. Mastix
    ist wegen seiner desodorierenden Wirkung auch Be-
    standteil von Mundwässern und Zahnpasten und wird
    zur Stärkung des Zahnfleisches wie Kaugummi gekaut.
    Außerdem wird der Stoff bei Räucherungen zur Stär-
    kung der übersinnlichen Kräfte verwendet und in sol-
    chen, die verbrannt werden, um Geister herbeizurufen.
    Die Rinde und das Harz entwickeln einen angenehmen
    Duft, wenn sie in Weihrauchmischungen oder auch pur
    als Weihrauch verbrannt werden. Mastixharz kann man
    jedem Weihrauchgemisch beifügen, das die persönliche
    Macht oder die Kraft und Potenz des Opfernden verstär-
    ken soll. Im Mittleren Osten wurde und wird Mastix von
    Magiern als Aphrodisiakum verwendet.

Mekkabalsam *(Populus cancidans)*
Synonym: Arabischer Balsam, Balsam
Wesen: kalt
Planet: Saturn
Element: Erde
verwendeter Teil: Samenknospen
Hauptwirkungen: Schutz, Intellektualität, Manifestationen
Besonderheiten: Die Knospen des Mekkabalsams kann man
    bei sich tragen, wenn man ein gebrochenes Herz heilen
    will. Sie werden verbrannt, um eine materielle Grund-
    lage für die Manifestation von hilfreichen Geistern
    während Zeremonien zu schaffen. Außerdem kann man
    sie Liebes- und Schutz-Sachets hinzufügen. Mekkabal-

sam ist auch bekannt unter dem schönen englischen Namen "Balm of Gilead". Mekkabalsam ist das Harz der Bohne Commiphora opobalsamum, eines im Gebiet des Roten Meeres heimischen Strauchs. Es ist ein berühmtes aromatisches Harz, das schon seit alten Zeiten in Arabien und im Fernen Osten bekannt ist. Ihm wird nachgesagt, es besitze übernatürliche Kräfte. In den Rezepten, die in diesem Buch beschrieben werden, kommt Mekkabalsam einige Male vor.

Grüne Minze *(Mentha spicata)*
Wesen: kalt
Planet: Venus
Element: Luft
verwendeter Teil: das Kraut
Hauptwirkungen: Heilung, Liebe
Besonderheiten: Heilendem Weihrauch zusetzen, insbesondere bei Lungenkrankheiten. Dies ist eine geeignete Ingredienz für Liebesweihrauchmischungen und Liebes- Sachets.

Moschus
Wesen: heiß
Planet: Mars
Gottheiten: Ares, Mars
Besonderheiten: Moschus ist ein stark riechendes Sekret der Geschlechtsdrüse der männlichen Moschushirsche und auch anderer Tiere. Moschushirsche sind inzwischen infolge der Jagd stark dezimiert worden, weshalb Moschus heutzutage häufig von der Bisamratte stammt, die sich nach dem zweiten Weltkrieg auch bei uns stark verbreitete (1978: 100.000 Exemplare). Im 17. und 18. Jahrhundert galt Moschus als typisch männliches Parfüm. In den Ländern des Ostens wird Moschus immer noch sehr viel verwendet. Nicht mit Moschuskörnern zu verwechseln, die pflanzlichen Ursprungs sind und ebenfalls bei der Parfümherstellung verwendet werden.

Muskatnuß *(Myristica fragrans)*
Wesen: heiß
Planet: Jupiter
Element: Luft
verwendeter Teil: Samen
Hauptwirkung: Hellsehen
Besonderheiten: Die Muskatnuß mußt Du bei Dir tragen,
wenn Du Deine hellseherischen Kräfte verstärken willst.
In kleinen Mengen kann man sie Wahrsageweihrauch
beifügen. Außerdem schützt sie denjenigen, der sie in die
Tasche steckt, vor Rheuma.

Myrrhe *(Commiphora myrrha)*
Wesen: heiß
Planet: Sonne
Element: Wasser
Gottheiten: Adonis, Isis, Maria, Ra
verwendeter Teil: Harz
Hauptwirkungen: Schutz, Reinigung
Besonderheiten: Myrrhe ist genau wie Mekkabalsam eine
wohlriechende Commiphora-Art. Sie ist in Form rot-
brauner Körner im Handel, wird als Tinktur unter
anderem in Mundwässern sowie in der Parfümindustrie
verwendet. In alten Zeiten wurde Myrrhe, mit Ölen
vermischt, als Schönheitsmittel verwendet (siehe beispielsweise Esther 2:12). Damals wurde sie aus Äthiopien bezogen und in östlichen Parfüms und Weihrauchmischungen verwendet. Dieses Harz ist in der christlichen
Welt insbesondere deshalb bekannt, weil das Jesuskind
bei seiner Geburt zu Bethlehem von einem der Drei
Könige aus dem Morgenland mit Myrrhe beschenkt
wurde. Myrrhe kam auch in heiligen Salben und beim
Einbalsamieren zur Anwendung. Myrrhe gehört zusammen mit Olibanum zu den bekanntesten Duftstoffen.
Früher wurde dieser Stoff auch medizinisch verwendet
und er ist eines der ersten Handelsprodukte, hochge-
schätzt von den Ägyptern, Juden, Griechen und Rö-

mern. In der Bibel wird Myrrhe oft erwähnt. In einer griechischen Sage wird beschrieben, wie Adonis, der griechische Gott des Sterbens und der Auferstehung, aus einem Myrrhestrauch geboren wurde: nach zehn Monaten brach die Rinde des Strauchs auf, und der prächtige Säugling kam zum Vorschein. Seine Mutter trug den Namen Myrrha und wurde sofort nach der Empfängnis in einen Myrrhestrauch verwandelt (Ovid). Deshalb ist es nicht verwunderlich, daß bei den Festen, die Adonis geweiht waren, Myrrhe geopfert wurde. Im Mittelalter galt Myrrhe als eines der kostbarsten Gewürze und wurde unter anderem dem Myrrhenwein zugesetzt. Myrrhe kann als Schutz- und als Reinigungsweihrauch verbrannt werden. Der Rauch wird zum Weihen, Reinigen und Segnen von Gegenständen benutzt, beispielsweise Ringen, Amuletten, Talismanen und Ritualgegenständen. Das Harz verbrennt man bei Heilungsritualen. In Amulettsäckchen wird Myrrhe manchmal in Verbindung mit Olibanum getragen. Myrrhe gehört zu den Standard-Ingredienzen von Räuchermischungen, und man sollte deshalb stets über einen gewissen Vorrat an Myrrhe verfügen.

Gewürznelke (*Caryophyllus aromaticus bzw. Syzygium aromaticum*)
Wesen: heiß
Planet: Sonne
Element: Feuer
verwendete Teile: Blütenknospen
Hauptwirkungen: Schutz, Liebe, Bannungen, Austreibungen, Reichtum
Besonderheiten: Gewürznelken trägt man bei sich, um feindliche und negative Kräfte zu vertreiben und um üble Nachrede zu entkräften. Außerdem regen Gewürznelken, wenn man sie bei sich trägt, die Gedächtnisleistung an, und man fügt sie Sachets bei, wenn man das andere Geschlecht verführen will. Oft hängt man Babys als

Schutz eine Kette aus Nelken (die man mit einer Nadel auf einen roten Faden aufreiht) an der Wiege auf (natürlich außer Reichweite des Babys). Man verbrennt Nelken als Weihrauch, um Reichtum anzuziehen, feindliche und negative Kräfte zu vertreiben (auch Mücken und Moskitos!), um spirituelle Schwingungen zu erzeugen, den Raum zu reinigen und um dafür zu sorgen, daß andere Menschen aufhören, Gerüchte zu verbreiten.

Echte Nelkenwurz *(Geum urbanum)*
Wesen: heiß
Planet: Jupiter
Element: Feuer
verwendeter Teil: das Kraut
Hauptwirkung: Schutz
Besonderheiten: Diese Pflanze kann man als schützendes Amulett gegen wilde Tiere mit sich tragen. Verbrannt wird sie im Verlauf von Austreibungs- und Reinigungsritualen. Außerdem kann man sie in Schutz-Sachets, Amuletten und Weihrauchmischungen verwenden.

Olibanum *(Boswellia carteri und andere Boswellia-Arten)*
Synonym: Weihrauch
Wesen: heiß
Planet: Sonne
Element: Feuer
Gottheiten: Baal, Ra
verwendeter Teil: Gummiharz
Hauptwirkungen: Schutz, Reinigung, Weihung
Besonderheiten: Olibanum verbrennt man, um Schwingungen zu erzeugen, die reinigen, weihen und beschützen. Wird oft in Amulettsäckchen und Sachets verwendet, fördert Visionen und die Meditation. Kann bei Sonnenaufgangsritualen verbrannt werden. Vermischt mit Kreuzkümmel ist Olibanum ein kräftiger, schutzbietender Weihrauch für alle möglichen Zwecke. Olibanum ist

eines der beliebtesten und bekanntesten Harze, das man auch ohne weitere Zugaben als Weihrauch verbrennen kann. Die Drei Könige aus dem Morgenland brachten dem Jesuskind in Bethlehem Gold, Myrrhe und Olibanum. Das Gold symbolisierte "Königtum", Myrrhe symbolisierte irdisches Leiden und Sterben, und Olibanum symbolisierte "Heiligkeit". Olibanum wird in der Bibel oft erwähnt, vor allem in Zusammenhang mit Tempeln und heiligen Orten sowie auch als Reinigungsräucherstoff bei Tieropfern. Man löst etwas Rinde ganz vorsichtig vom Baum und fängt den Saft, der aus dem Baum fließt, auf. Der Baum ist in Arabien, Indien und in Teilen von Afrika heimisch. Oft wird Olibanum auch einfach Weihrauch bzw. Weihrauchharz genannt. Olibanum kann problemlos jedes andere Gummiharz ersetzen und kann auch allein verbrannt werden. Jeder Magier sollte stets einen größeren Vorrat davon im Hause haben.

Orange *(Citrus sinensis)*
Synonym: Apfelsine
Wesen: heiß
Planet: Sonne
Element: Wasser
verwendete Teile: Blüten, Früchte
Hauptwirkung: Liebe
Besonderheiten: Die getrocknete Schale der Apfelsine wird in Liebes-Sachets verwendet. Essen der Frucht besänftigt die Begierden. Wenn man auf andere anziehend wirken will, sollte man einem Bad frische oder getrocknete Orangenblüten hinzufügen. Orangensaft wird bei Trankopfern im Verlauf von Ritualen oft als Ersatz für Wein getrunken. Weihrauch aus Orangenschalen (in Verbindung mit anderen Ingredienzien) kommt in den vorangegangenen Rezepten mehrfach vor.

Patchouli *(Pogostemon cablin oder Pogostemon patchouli)*
Wesen: heiß
Planet: Sonne
Element: Erde
verwendeter Teil: das Kraut
Hauptwirkungen: Leidenschaft, Liebe
Besonderheiten: Es gibt etwa dreißig Arten von Patchouli-
Pflanzen, und alle wachsen in Indien, Südostasien und
Indonesien. Patchouli(öl) wird durch Destillation aus
den Blättern gewonnen. Wegen seines schweren Duftes
wird das Kraut mit Lust und Leidenschaft in Verbindung gebracht. Der Duft von Patschouli verführt die
Menschen, über die gesellschaftlichen Grenzen hinaus-
zugehen, neue Erfahrungen und weitere Horizonte zu
suchen. Das Öl dient als Fixateur für Parfüms und wird
in Liebestränken mit magischen Kräften verwendet.
Patchouli zieht sowohl Männer als auch Frauen an. Man
kann das Patchouliöl auf die Haut reiben, und dies wird
häufiger getan, als Sie wahrscheinlich vermuten! Vor
allem wird es sehr oft als Ingredienz von Weihrauchmischungen verbrannt, die Liebesangelegenheiten, Hellsehen und Vorhersagen der Zukunft fördern sollen. Es
wird auch bei Ritualen zur Verstärkung der Fruchtbarkeit verwendet und zum Anziehen von Geld und Erfolg.
Manche Menschen führen Patchouli in ihrem Portmon-
naie bei sich. Fast jeder weiß, daß Patchouli Liebestalis-
manen, Liebes-Sachets und Liebesbädern hinzugefügt
wird. Patchouli ist ein erotisierender Duftstoff.

Pfeffer *(Piper nigrum)*
Wesen: heiß
Planet: Mars
Element: Feuer
verwendeter Teil: Früchte
Hauptwirkung: Schutz
Besonderheiten: Man gibt Pfefferkörner in Zaubersäckchen
und in Amulette, die schützen sollen. Um einen Raum

auszuräuchern und von schlechten Energien zu reinigen, mischst Du Pfeffer mit anderen Kräutern (wie Rosmarin und Dill) und verbrennst dieses Gemisch. Der Rauch von Pfeffer kann die Augen reizen. Deshalb solltest Du bei Räucherungen mit Pfeffer den Raum verlassen. Auch gegen Eifersucht kann man das Kraut bei sich tragen. Die Pfefferpflanze ist eine Kletterpflanze, die in Indien und angrenzenden Ländern wächst. Die schwarzen Pfefferkörner sind die unreifen, getrockneten Früchte, die weißen Pfefferkörner die reifen und geschälten Früchte.

Pfefferminze *(Mentha piperita)*
Wesen: kalt
Planet: Venus
Element: Luft
verwendeter Teil: das Kraut
Hauptwirkungen: Heilung, Reinigung
Besonderheiten: Pfefferminze wird in Weihrauchmischungen und Zaubermitteln zu Heilzwecken verwendet. Man kann Pfefferminze auch verbrennen und damit im Winter die Wohnung reinigen. Wenn Du Einschlafschwierigkeiten hast, kannst Du das scharfe Aroma zerriebener Blätter der Pfefferminze inhalieren. Nach Plinius wirkt die Pfefferminze erotisierend und kann deshalb auch Liebesweihrauch hinzugefügt werden. Das Aroma der Pfefferminze wird als "aktiv" charakterisiert, und Menschen, die diesen Duft lieben, wird nachgesagt, daß sie "unverbesserlich" sind.

Poleiminze *(Mentha pulegium)*
Wesen: kalt
Planet: Venus
Element: Erde
verwendeter Teil: das Kraut
Hauptwirkungen: Schutz

Besonderheiten: In die Schuhe legen, um Müdigkeit vorzubeugen. Kann Sommerweihrauch und Weihrauchmischungen zu Schutzzwecken zugesetzt werden.

Rose *(Rosa ssp.)*
Wesen: kalt
Planet: Venus
Element: Wasser
Gottheiten: Adonis, Cupido, Demeter, Eros, Isis, Hulda, Venus
verwendeter Teil: Blüte
Hauptwirkungen: Liebe, Hellsehen, Fruchtbarkeit
Besonderheiten: Vor der Herstellung von Liebesweihrauch
kannst Du Deine Hände in Rosenwasser waschen. (Rosenwasser gibt es in Naturkost-, Duftläden und Kräu-
tergeschäften zu kaufen.) Hagebutten kannst Du verbrennen, wenn Du auf der Suche nach Liebe bist. Um
hellseherische Träume zu erzeugen, kann man einen
Tee aus Rosenblütenblättern trinken oder Rosenblätter
verbrennen. Wenn Du die Blütenblätter vor dem Zubett-
gehen im Schlafzimmer verbrennst, wirst Du eine sehr
erfrischende und wundersame Nacht erleben. Die Blütenblätter fügt man oft Weihrauchmischungen und Sachets für Heilzwecke zu. Während der Hochzeitsreise
sollte man frische Rosenblütenblätter auf den Fußboden
des Schlafzimmers streuen. Wenn Du einen Menschen
wirklich davon überzeugen willst, daß Du in ihn verliebt
bist, dann schicke ihm (oder ihr) rote Rosen, die Blumen
der Liebe. Die Rose wird auch mit der Neigung, "in die
Liebe verliebt zu sein", assoziiert.

Rosmarin *(Rosmarinus officinalis)*
Wesen: heiß
Planet: Sonne
Element: Feuer
verwendeter Teil: das Kraut
Hauptwirkungen: Schutz, Intellektualität, Liebe, Reinigung

Besonderheiten: Füge Rosmarin allen Reinigungs-Sachets, die zum Baden bestimmt sind, hinzu, außerdem allen Liebes- und Exorzismus-Mischungen sowie für Schutzzwecke bestimmten Weihrauchmischungen. Ein Kranz aus Rosmarin fördert die Gedächtnisleistung. Wegen seiner Assoziation mit dem Meer wird Rosmarin bei allen Meeresritualen verwendet, des weiteren in allen Sachets, die für eine sichere und angenehme Reise über Wasser sorgen sollen. Ein gutes schützendes Sachet für Schiffspassagiere kannst Du aus Rosmarin, Knoblauch (gegen Stürme) und Mistel (Schutz vor Unwettern mit Blitzen) anfertigen. Du kannst aus Rosmarin auch einen einfachen Aufguß zubereiten, in dem Du sie, falls Du keine Zeit für ein rituelles Bad hast, Deine Hände waschen kannst, bevor Du Dich an Dein rituelles Werk begibst. Vor Prüfungen kann man Rosmarintee trinken oder Rosmarinweihrauch verbrennen, um den Verstand hellwach und leistungsfähig zu machen. Allen Arten von schützenden Sachets kann man einen Zweig Rosmarin beifügen. Oft wird Rosmarin auch für schützende Kränze oder Girlanden verwendet. Ein Weihrauchgemisch aus Wachholder und Rosmarin kannst Du verbrennen, um die Genesung von einer Krankheit zu fördern. Salbe aus Rosmarin verschafft bei Gelenkschmerzen Linderung. Im Mittelalter holte man Rosmarin zur Weihnachtszeit ins Haus, als ein Zeichen der Freundschaft zu Elfen und anderen freundlich gesinnten Wesen der Zwischenwelten. Die Blüten des Rosmarinstrauchs trugen Frauen in früheren Zeiten als Brautschmuck.

Safran (*Crocus sativus*)
Wesen: heiß
Planet: Sonne
Element: Feuer
verwendeter Teil: Blüte
Hauptwirkungen: Hellsehen, Heilung, Reinigung

Besonderheiten: Verwende Safrantee, um Deine Hände vor
Heilungsritualen zu reinigen. Das Kraut kannst Du als
Heilweihrauch verbrennen oder es heilenden Weihrauchmischungen hinzufügen. Safrantee weckt außerdem hellseherische Kräfte. Manchmal wird Safran auch
verwendet, um Sturm oder Wind herbeizurufen. Zu
diesem Zweck wirft man das Kraut von einem hochgele-
genen Ort aus in die Luft, oder man verbrennt es und
schaut dem Rauch nach, wenn er in den Himmel auf-
steigt. Safran spielt vor allem im Christentum eine
wichtige Rolle. Das Kraut ist das christliche Symbol der
Keuschheit, und es wird schon in den Psalmen des
Salomo (Altes Testament) erwähnt. Safran stammt aus
Kleinasien und ist eine violette Krokusart. Teile davon
werden auch als Farbstoff sowie für medizinische Zwek-
ke verwendet. Leider ist echter Safran ziemlich teuer,
denn um weniger als zehn Gramm davon zu erhalten,
braucht man schon 1500 Blüten! Als Safranersatz kann
man die getrockneten Blütenblätter der Ringelblume
verwenden. Vor allem in Persien war Safran sehr beliebt: schwangere Frauen trugen eine Safrankugel auf
dem Bauch, um die Geburt zu beschleunigen.

Salbei *(Salvia officinalis)*
Wesen: heiß
Planet: Jupiter
Element: Erde
verwendeter Teil: das Kraut
Hauptwirkungen: Heilung, Glück bei Unternehmungen
Besonderheiten: Sachets, Weihrauch und Amuletten hinzu-
fügen, die Heilzwecke und das glückliche Gelingen von
Vorhaben fördern sollen.

Salomonsiegel *(Polygonatum multiflorum und P. odora-
tum)*
Synonym: Weißwurz, vielblütige und wohlriechende
Wesen: heiß

Planet: Saturn
Element: Feuer
verwendete Teile: Blätter, Wurzeln
Hauptwirkungen: Schutz, Reinigung
Besonderheiten: Schutzweihrauch und schützende Sachets sollten möglichst auch etwas Salomonsiegel enthalten. Als Bestandteil von Weihrauchmischungen wird die Pflanze für Reinigungszwecke verwendet.

Sandelholz, weiß *(Santalum album)*
Wesen: kalt
Planet: Mond
Element: Luft
verwendeter Teil: Holz
Hauptwirkungen: Schutz, Heilung, Reinigung
Besonderheiten: Sandelholz stammt größtenteils aus Indonesien, und auf der Insel Timor soll die beste Sorte wachsen. Es gibt aber auch in Indien, Malaysia, Australien und Hawaii Sandelholzbäume. Das Holz dient unter anderem zur Herstellung von Schmuckkästchen, Handgriffen und Ähnlichem. In China ist Sandelholz außerdem eine vielverwendete Ingredienz für Räucherstäbchen, die bei der Verbrennung einen sehr typischen Duft verbreiten. Die kleinen Sandelholzbäume parasitieren auf den Wurzeln anderer Bäume. Sandelholz ist eines der Haupt-Ingredienzen vieler Weihrauchmischungen. Im Hinduismus erfüllt Sandelholz eine wichtige Funktion, denn dies ist eine der heiligen Holzarten, aus welchen religiöse Darstellungen geschnitzt werden dürfen. Sandelholz wird bei der Parfürmherstellung und in Arzneimitteln verwendet. In Verbindung mit Lavendel entsteht ein Weihrauch zur Beschwörung von Geistern. Einen Weihrauch aus Olibanum und Sandelholz kann man wegen seiner hohen Schwingungen bei Mondritualen verbrennen. Bei Heilungen und zu Schutzzwecken kann man ein wenig Sandelholzweihrauch verbrennen. Sandelholzweihrauch vermag jeden Raum zu reinigen.

Schlangen-Knöterich *(Polygonum bistorta)*
Synonym: Schlangenwurz, Wiesen-Knöterich
Wesen: kalt
Planet: Saturn
Element: Erde
verwendeter Teil: das Kraut
Hauptwirkungen: Hellsehen, Fruchtbarkeit
Besonderheiten: Wenn Sie schwanger werden wollen, sollten sie dieses Kraut am Körper tragen. Zum Zwecke des Wahrsagens Weihrauchmischungen, insbesondere Olibanum, hinzufügen.

Florentinische Schwertlilie *(Iris florentina oder Iris germanica)*
Wesen: kalt
Planet: Venus
Element: Wasser
verwendeter Teil: Wurzel
Hauptwirkung: Liebe
Besonderheiten: Die Wurzel kann man bei sich tragen, wenn man einen geliebten Menschen wiederfinden will. Pulverisiert wird sie in Liebes-Sachets und Liebesbädern verwendet. Man kann sie auch zusammen mit Hagebutte und Lavendel in ein Sachet geben und zwischen die Kleider legen, um diese mit dem Duft der Liebe zu parfümieren. In kleinen Mengen wird sie Liebesweihrauch beigefügt, um die Wohnung damit zu räuchern, kurz bevor der oder die ersehnte Geliebte zu Besuch kommt. Die Florentinische Schwertlilie wächst in Südeuropa, und sie hat eine violettfarbene Wurzel. Die Pflanze wird in vielen Parfüms verwendet.

Sternanis *(Illicium verum und I. anisatum)*
Wesen: heiß
Planet: Jupiter
Element: Wasser
verwendeter Teil: Samen

Hauptwirkung: Hellsehen

Besonderheiten: Die Samen in Weihrauch verbrennen, um das Hellsehen zu fördern; man kann sie auch in Kräuter-pendeln verwenden. Manchmal reiht man sie an einem Faden zusammen mit Muskatnuß, Tonkabohnen zu einer Halskette auf.

Gewöhnliches Stiefmütterchen *(Viola tricolor)*

Synonym: Wildes Stiefmütterchen

Wesen: kalt

Planet: Saturn

Element: Wasser

verwendeter Teil: Blüte

Hauptwirkung: Liebe

Besonderheiten: Diejenigen, die den Duft dieser Blume lie-ben, sind ausdauernd und akzeptieren keine Halbhei-ten. Sie sind entweder treue und ehrliche Freunde oder unversöhnliche Feinde. Alles oder nichts ist ihre Devise. Der Duft dieser Blume wird oft dazu benutzt, um Liebe anzuziehen. Nach der Überlieferung können Stiefmüt-terchen, wenn sie in Form eines Herzens gepflanzt werden und erblühen, auch die Liebe des Pflanzenden entfalten und erblühen lassen.

Teufelsdreck *(Ferula asa-foetida)*

Synonym: Asa foetida, Asant, Stinkasant

Wesen: heiß

Planet: Saturn

Element: Feuer

verwendeter Teil: das Kraut

Hauptwirkungen: Exorzismus, Reinigung

Besonderheiten: Dieses scharfe Kraut (der Geruch erinnert stark an den des Knoblauchs) wird verbrannt oder am Körper getragen, um Krankheit und Unglück zu vertrei-ben. Löst Manifestationen auf. Am Körper getragen, schützt Teufelsdreck vor Fieber und Erkältung.

Thymian *(Thymus vulgaris)*
Synonym: Echter Thymian, Gartenthymian, Quendel
Wesen: kalt
Planet: Venus
Element: Luft
verwendeter Teil: das Kraut
Hauptwirkungen: Hellsehen, Reinigung
Besonderheiten: In Weihrauchform verwenden, um Räume, die rituellen Zwecken dienen, per Räucherung zu reinigen. Im Frühling ein magisches Reinigungsbad aus Thymian und Majoran nehmen. Ein Kissen, gefüllt mit Thymian, verhindert Alpträume. Eine Handvoll des zerriebenen frischen Krauts inhaliert, wirkt unmittelbar erfrischend.

Verbena *(Verbena officinalis)*
Synonyme: Verbene, Eisenkraut
Wesen: kalt
Planet: Venus
Element: Wasser
Gottheiten: Aradia, Cerridwen, Isis, Jupiter, Mars, Thor, Venus
verwendeter Teil: das Kraut
Hauptwirkungen: Schutz, Liebe, Reinigung
Besonderheiten: Verbena wird in rituellen Reinigungsbädern, in Reinigungsweihrauch und in Amuletts zur Förderung der persönlichen Sicherheit verwendet. Man sollte das Kraut am besten am Mittsommertag sammeln. Über dem Bett aufgehängt, soll es vor Alpträumen schützen. Manchmal stellt man Amulette aus Eisenkraut für Babys her, denn es heißt, diese würden dann später eine schnelle Auffassungsgabe entwickeln. Es wird in vielen Sachets für Liebes- und Schutzzwecke verwendet. Reines Eisenkraut oder Eisenkraut zu gleichen Teilen mit Olibanum vermischt ist ein hervorragender Reinigungsweihrauch. Das Kraut wird auch verwendet, um Wohlstand anzuziehen.

Gemeiner Wachholder *(Juniperus communis)*
Synonym: Heide-Wachholder
Wesen: heiß
Planet: Sonne
Element: Feuer
verwendete Teile: Blätter, Beeren
Hauptwirkungen: Schutz, Liebe
Besonderheiten: Ein Zweig des Wachholderstrauchs schützt
    denjenigen, der ihn bei sich trägt, vor Unfällen. Eine der
    ersten Weihraucharten, die die Magier verwendeten,
    bestand aus einer Kombination der Blätter und der
    getrockneten, pulverisierten Beeren dieser Pflanze. Wenn
    Sie die reifen Beeren auf einen Faden aufreihen, erhal-
    ten Sie einen Anziehungszauber, mit dessen Hilfe Sie
    den von ihnen geliebten Menschen anziehen können.
    Wird auch in Sachets verwendet. Zum Schutz kannst Du
    den Wachholder auch vor den Eingang Deines Hauses
    oder Deiner Wohnung pflanzen.

Weinraute *(Ruta graveolens)*
Wesen: heiß
Planet: Sonne
Element: Feuer
Gottheiten: Aradia, Diana
verwendeter Teil: Kraut
Hauptwirkungen: Schutz, Exorzismus, Intellektualität, Rei-
nigung
Besonderheiten: Ein frischer Zweig der Weinraute, in Quell-
    wasser getaucht, ist ein ausgezeichneter Weihwedel, der
    sich hervorragend für Weihungen, Segnungen und Hei-
    lungen eignet. Das Kraut wurde einst gegen die Pest
    getragen und wird heute als Bestandteil von Sachets zur
    Erhaltung der Gesundheit verwendet. Den Duft der
    zerriebenen frischen Blättchen kann man inhalieren,
    um eifersüchtige Gedanken sowie Gedanken an un-
    glückliche Liebesaffären zu stoppen. Das Kraut verwen-

det man ebenfalls zum Trost bei gebrochenem Herzen sowie um Passivität aufzulösen.

Wermut *(Artemisia absinthium)*
Wesen: heiß
Planet: Mars
Element: Luft
Gottheiten: Artemis, Diana, Iris
verwendeter Teil: das Kraut
Hauptwirkungen: Hellsehen, Schutz
Besonderheiten: Einst wurde Wermut in allen Weihrauchmischungen verbrannt, die der Beschwörung von Geistern dienten. Heute verwendet man ihn auch in Weihrauchmischungen, die Hellsehen und Wahrsagen fördern sollen (vor allem in Verbindung mit Beifuß) und in Mischungen, die schützend wirken sollen. Am Abend vor Allerseelen sollte man Wermut ins Feuer werfen, um sich den Schutz der Geister zu sichern, die nachts aktiv sind. Man kann das Kraut auch beim Pendeln verbrennen, um sichere Ergebnisse zu erzielen.

Ysop *(Hyssopus officinalis)*
Wesen: heiß
Planet: Jupiter
Element: Feuer
verwendeter Teil: das Kraut
Hauptwirkungen: Schutz, Reinigung
Besonderheiten: Zu verwenden in allen möglichen Arten von Bade-Sachets, Schutz-Sachets und Weihrauchmischungen. Im Alten Testament werden verschiedene Pflanzen und ihre Produkte mit dem Namen Ysop bezeichnet, die bei rituellen Handlungen verwendet wurden.

Weiße Zaunrübe *(Bryonia alba)*
Wesen: heiß
Planet: Mars
Element: Erde
verwendeter Teil: Wurzel
Hauptwirkungen: Schutz, in Unternehmungen
Besonderheiten: Für Räucherungen verwendet man oft die Wurzel der weißen Zaunrübe statt der ziemlich seltenen Alraunwurzel. Man legte diese Wurzel früher auch auf eine Münze, um Reichtum anzuziehen.

Zeder(nholz) *(Cedrus libani oder Cedrus ssp.)*
Wesen: kalt
Planet: Sonne
Element: Feuer
Hauptwirkungen: Heilen, Reinigen, Schützen, Geldangelegenheiten
Besonderheiten: Eine der wichtigsten Weihrauchzutaten. Weihrauch aus Zedernholz wirkt gegen Erkältungen, reinigt Räume und schützt vor Angstträumen. Außerdem wird Zedernholz-Weihrauch verbrannt, um übersinnliche Fähigkeiten zu wecken. Der Baum ist in Kleinasien und in Syrien (Cedrus libani) heimisch und wurde von den großen Kulturen, die dort ihre Blüte hatten (Griechen, Babylonier, Phönizier, Assyrer, Juden, Perser, Ottomanen usw.) in großen Mengen für verschiedene Zwecke verwendet. Zedernharz, das wohlriechende und konservierend wirkende Harz der Zeder, wurde im Altertum zum Einbalsamieren von Toten verwendet.

Ziest *(Betonica officinalis oder Stachys officinalis)*
Synonym: Heilziest, Echter Ziest
Wesen: heiß
Planet: Jupiter
Element: Feuer
verwendeter Teil: das Kraut
Hauptwirkungen: Schutz, Reinigung

Besonderheiten: Ist ein Bestandteil aller Weihrauchmischun-
gen, die dem Schutz und der Reinigung dienen. Auf ein
Feuer im Freien werfen und durch den reinigenden
Rauch über das Feuer springen, besonders in der
Mittsommernacht. Wenn man auf einem mit diesem
Kraut gefüllten Kissen schläft, ist man vor Alpträumen
sicher. Als Schutz gegen Vergiftung tragen.

Zimt *(Cinnamonum zeylanicum oder Cinnamonum lau-
raceae)*
Synonym: Ceylonzimt, Kaneel
Wesen: heiß
Planet: Sonne
Element: Feuer
verwendeter Teil: Rinde
Hauptwirkungen: Schutz, Heilung, Leidenschaften
Besonderheiten: Man kann Zimt verbrennen, um sehr spirituelle Schwingungen zu erzeugen. Es empfiehlt sich,
Zimt heilkräftigen Weihrauchmischungen beizufügen
und ihn zur Förderung der Hellsichtigkeit zu verbrennen. Zimt ist außerdem eines der Kräuter, die verwendet
werden, um die Leidenschaft des Mannes zu stimulieren
und zu wecken. Außerdem ist Zimt oft Bestandteil von
Mischungen, die das Gelingen eines Vorhabens begünstigen sollen. Einen guten Weihrauch mit einer allge-
meineren Wirkung erhält man, wenn man Zimt mit
Myrrhe vermischt. Die Zimtpflanze wächst vor allem
auf Sri Lanka, Java, den Westindischen Inseln und in
Brasilien. Zimtöl wird aus der Rinde und aus den Blättern der Pflanze gewonnen und sowohl als Duftstoff wie
auch medizinisch verwendet. In dem Kapitel mit den
Rezepten hast Du wahrscheinlich bemerkt, daß viele
Weihrauchmischungen unter anderem etwas Zimt enthalten.

Zimt-Cassia *(Cinnamomum cassia)*
Synonym: Cassia-Zimt
Wesen: heiß
Planet: Sonne
Element: Feuer
verwendeter Teil: Rinde
Hauptwirkung: Liebe
Besonderheiten: Cassia ist ein aromatischer Stoff, der dem Geruch des Ceylonzimts ziemlich nahe kommt und deshalb auch oft als Ersatz für echten Zimt verwendet wird. Cassia ist ein sehr verbreiteter Weihrauchbestandteil für Räucherungen sowohl in Tempeln als auch zuhause. Die Griechen und Römer bezogen sowohl den Ceylonzimt als auch den Cassia-Zimt von den Phöniziern, hielten den Cassia-Zimt jedoch - im Gegensatz zur heutigen Auffassung - für den besseren von beiden.

Zypresse *(Cupressus ssp.)*
Wesen: kalt
Planet: Saturn
Element: Erde
Gottheiten: Aphrodite, Ashtoreth (Ashtaroth), Hekate, Herkules, Mithras, Persephone, Pluto, Saturn
verwendete Teile: Zweige, Holz
Hauptwirkungen: Schutz, Weihung
Besonderheiten: Entfache ein Feuer aus Zypressenholz und weihe rituelle Gegenstände im aufsteigenden Rauch. Zum Schutz aufhängen. Weihrauch beifügen, der in der Zeit des abnehmenden Mondes verwendet wird. Am Körper tragen, um Einsicht in alle Aspekte des Todes zu gewinnen. Die Zypresse gilt als Sinnbild der Trauer.